使いやすい！教えやすい！家庭学習に最適の問題集！

宇都宮大学共同教育学部附属小学校

2019~2021 年度過去問題を掲載

作新学院小学部

2018~2021 年度過去問題を掲載

2022 年度版

過去問題集

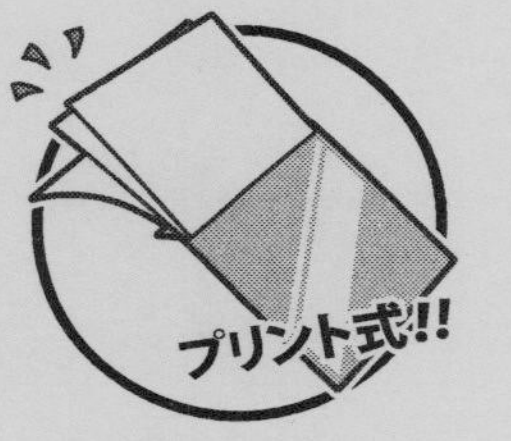

<問題集の効果的な使い方>

①お子さまの学習を始める前に、まずは保護者の方が「入試問題」の傾向や難しさを確認・把握します。その際、すべての「学習のポイント」にも目を通しましょう。
②入試に必要なさまざまな分野学習を先に行い、基礎学力を養ってください。
③学力の定着が窺えたら「過去問題」にチャレンジ！
④お子さまの得意・苦手がわかったら、さらに分野学習を進め、レベルアップを図りましょう！

必ずおさえたい問題集

宇都宮大学共同教育学部附属小学校

口頭試問	新口頭試問・個別テスト問題集
お話の記憶	1話5分の読み聞かせお話集①・②
図形	Ｊｒ・ウォッチャー６「系列」
行動観察	Ｊｒ・ウォッチャー29「行動観察」
数量	Ｊｒ・ウォッチャー14「数える」

作新学院小学部

記憶	Ｊｒ・ウォッチャー19「お話の記憶」
記憶	1話5分の読み聞かせお話集①・②
推理	Ｊｒ・ウォッチャー59「欠所補完」
行動観察	Ｊｒ・ウォッチャー29「行動観察」
図形	Ｊｒ・ウォッチャー４「同図形探し」

●資料提供●
堯舜幼稚舎

ISBN978-4-7761-5390-0
C6037 ¥2500E
9784776153900
定価 2,750 円
（本体 2,500 円＋税 10%）
1926037025009
日本学習図書 ニチガク

こんなこと…ありませんか？

「ニチガクの問題集…買ったはいいけど、、、
この問題の教え方がわからない（汗）」

メールでお悩み解決します！

- ホームページ内の専用フォームで必要事項を入力！
- 教え方に困っているニチガクの問題を教えてください！
- 確認終了後、具体的な指導方法をメールでご返信！
- 全国どこでも！ スマホでも！ ぜひご活用ください！

<質問回答例>

アドバイス

推理分野の学習では、後の学習に活きる思考力を養うことができます。ご家庭で指導する場合にも、テクニックにたよらず、保護者の方が先に基本的な考え方を理解した上で、お子さまによく考えさせることを大切にして指導してください。

Q.「お子さまによく考えさせることを大切にして指導してください」と学習のポイントにありますが、考える習慣をつけさせるためには、具体的にどのようにしたらいいですか？

A. お子さまが考える時間を持てるように、質問の仕方と、タイミングに工夫をしてみてください。
たとえば、「答えはあっているけど、どうやってその答えを見つけたの」「答えは○○なんだけど、どうしてだと思う？」という感じです。
はじめのうちは、「必ず 30 秒考えてから手を動かす」などのルールを決める方法もおすすめです。

まずは、ホームページへアクセスしてください!!

https://www.nichigaku.jp　日本学習図書　検索

目指せ！合格！ 家庭学習ガイド
宇都宮大学共同教育学部附属小学校

入試情報

出 題 形 態：ペーパー、ノンペーパー
面　　　接：志願者面接
出 題 領 域：口頭試問（マナー・お話の記憶）、行動観察（制作、運動）
ペーパーテスト（数量、図形、推理）

受験にあたって

2021年度の入学試験では、ペーパーテスト（数量、図形、推理）、口頭試問（お話の記憶）、行動観察、制作、志願者面接（マナーについての口頭試問含む）が行われました。内容的にはあまり変化はありません。

行動観察は、**制作**や**運動**も含めた形で行われる複合的な問題として出題されていましたが、本年度は感染症対策もあり、別々に行われています。どちらも特に事前の準備などは必要のない程度のものです。指示をよく聞いてその通りに行動しましょう。

口頭試問では、お話の記憶が出題されています。それほど長いお話を聞いて答えるものではありません。登場人物の気持ちを答えることに注意しておけば、問題ないでしょう。

ペーパーテストは、数量、図形、推理の問題が出題されています。過去問題を何度も繰り返し学習すれば、対策はとれます。過去問題を行い、当校の傾向をつかむようにしましょう。苦手なものがあれば分野別の問題集などで学習してください。

目指せ！合格！

家庭学習ガイド
作新学院小学部

ペーパー　口頭試問　行動観察　運　動　志願者面接　保護者面接

入試情報

出題形態：ペーパー、ノンペーパー
面　　接：志願者面接、保護者面接
出題領域：ペーパーテスト（記憶、数量、図形）、口頭試問、行動観察、運動

受験にあたって

2021年度の入学試験は、ペーパーテスト、口頭試問、行動観察、運動、面接が行われ、例年よりもかなり平易になったようです。

口頭試問では**言語（おなしの記憶の出題なし）**、ペーパーテストでは、**記憶・数量・図形**が出題されました。

面接は保護者と志願者別々に行われました。保護者は控え室でアンケートの記入があり、そこに記載した内容をもとに質問されます。志願者には、試験の合間に家庭での保護者の躾や教育観・道徳観を知るための質問があったようです。

規律、礼儀、言葉遣いなど、日常の躾を重んじる校風のようですが、試験問題や面接で特に常識については聞かれていません。ただし、試験中や待ち時間での態度も観られていると考えておきましょう。だからと言って特に緊張することはありませんが、付け焼き刃で改められるものではないので、ふだんの生活からそうしたことに注意しておいてください。

行動観察は、今年度から音楽を使った問題ではなく、ゲーム形式のものになっています。楽しめればよい、といった内容なので、こちらも特に準備は必要ありません。

宇都宮大学共同教育学部附属小学校
作新学院小学部

過去問題集

〈はじめに〉

現在、少子化が叫ばれているにもかかわらず、私立・国立小学校の入学試験には一定の応募者があります。入試は、ただやみくもに学習するだけでは成果を得ることはできません。志望校の過去における出題傾向を研究・把握した上で、練習を進めていくこと、その上で試験までに志願者の不得意分野を克服していくことが必須条件です。そこで、本問題集は小学校を受験される方々に、志望校の出題傾向をより詳しく知って頂くために、過去に遡り出題頻度の高い問題を結集いたしました。最新のデータを含む精選された過去問題集で実力をお付けください。

また、志望校の選択には弊社発行の「**2022年度版　首都圏・東日本　国立・私立小学校　進学のてびき**」をぜひ参考になさってください。

〈本書ご使用方法〉

◆出題者は出題前に一度問題を通読し、出題内容などを把握した上で、〈 **準　備** 〉の欄に表記してあるものを用意してから始めてください。

◆お子さまに絵の頁を渡し、出題者が問題文を読む形式で出題してください。問題を読んだ後で、絵の頁を渡す問題もありますのでご注意ください。

◆「**分野**」は、問題の分野を表しています。弊社の問題集の分野に対応していますので、復習の際の目安にお役立てください。

◆一部の描画や工作、常識等の問題については、解答が省略されているものがあります。お子さまの答えが成り立つか、出題者が各自でご判断ください。

◆〈 **時　間** 〉につきましては、目安とお考えください。

◆解答右端の［**〇年度**］は、問題の出題年度です。［**2021年度**］は、「2020年の秋から冬にかけて行われた2021年度入学志望者向けの考査で出題された問題」という意味です。

◆**学習のポイント**は、指導の際にご参考にしてください。

◆**【おすすめ問題集】**は各問題の基礎力養成や実力アップにご使用ください。

〈本書ご使用にあたっての注意点〉

◆文中に**この問題の絵は縦に使用してください。**と記載してある問題の絵は縦にしてお使いください。

◆〈 **準　備** 〉の欄で、クレヨンと表記してある場合は12色程度のものを、画用紙と表記してある場合は白い画用紙をご用意ください。

◆文中に**この問題の絵はありません。**と記載してある問題には絵の頁がありませんので、ご注意ください。なお、問題の絵の右上にある番号が連番でなくても、中央下の頁番号が連番の場合は落丁ではありません。

下記一覧表の●が付いている問題は絵がありません。

問題１	問題２	問題３	問題４	問題５	問題６	問題７	問題８	問題９	問題10
	●	●							●
問題11	問題12	問題13	問題14	問題15	問題16	問題17	問題18	問題19	問題20
●					●		●		
問題21	問題22	問題23	問題24	問題25	問題26	問題27	問題28	問題29	問題30
	●	●					●		●
問題31	問題32	問題33	問題34	問題35	問題36	問題37	問題38	問題39	問題40
●								●	
問題41	問題42								

〈宇都宮大学共同教育学部附属小学校〉

◎学習効果を上げるため、前掲の「家庭学習ガイド」及び「合格のためのアドバイス」をお読みになり、各校が実施する入試の出題傾向を、よく把握した上で問題に取り組んでください。
※冒頭の「本書ご使用方法」「ご使用にあたっての注意点」も併せてご覧ください。

2021年度の最新問題

問題１　分野：志願者面接・口頭試問

〈準備〉　なし

〈問題〉　①どうやって学校に来ましたか。
②嫌いな食べ物はありますか。
③お友だちと仲良くするにはどうしたらよいですか。
④お母さんに褒められて１番うれしかったことはなんですか。
⑤道路を歩く時、お父さん、お母さんに言われて気を付けていることはなんですか。
⑥あなたの行きたい小学校はどこですか。
⑦（問題１の絵を見せる）
この人たちがどういう気持ちなのか考えてお話を作ってください。

〈時間〉　適宜

問題２　分野：口頭試問（お話の記憶）

〈準備〉　なし

〈問題〉　**この問題の絵はありません。**
お話をよく聞いて後の質問に答えてください。

クマさんはラッパを吹く練習を毎日していますが、なかなか上手になりません。変な音しか出ないので、はずかしいのです。クマさんはいつも冬ごもりをする洞窟の中で１人で練習しています。ある日、いつものように洞窟の中でラッパを吹いていると、洞窟の入口の方から声がします。「クマさん、こんばんは」とフクロウさんが洞窟から出てきたクマさんに言いました。フクロウさんはクマさんに「ここで練習しても音が響いて良い音が出ないよ。森から離れた山のふもとで練習してごらん」と言って、遠くに飛んでいきました。クマさんはフクロウさんが何を言っているのかわかりませんでしたが、翌日、山のふもとに行って練習することにしました。練習を始めるといつもより良い音が出ます。クマさんは楽しくなってしばらくラッパを吹き続けました。するとすぐにリスさんが出てきて、ラッパの音に合わせて踊り始めました。しばらくすると、臆病なハリネズミさんまでやってきて踊り始めました。

①お話に出てきた動物をすべて答えてください。
②クマさんはどうしてラッパを１人で練習していたのですか。
答えてください。
③あなたがクマさんだったら、この後どうしますか。

〈時間〉　即答が望ましい

問題3　分野：運動

〈準備〉　①ビニールテープ、始まりと終わりの線を作る。（10ｍの幅）
②ボール
③マット
④マットの先（１ｍほど）にビニールテープで○を作る。

〈問題〉　この問題の絵はありません。
先生のお手本を見てから、同じように行動してください。
①始まりの線から、スキップをしてください。
②ボールを頭より高く投げている間に、１回手を叩いて、キャッチしてください。
③マットの上をクマ歩きで端まで歩いてください。
④端まで歩き終えたら、その１ｍ先の印に向かってジャンプしてください。
終わったらその印の中で体操座りで先生の指示があるまで待っていてください。

〈時間〉　適宜

問題4　分野：制作

〈準備〉　油性ペン（黒）、クレヨン（黒）、ハサミ、トレイ

〈問題〉　（問題４の絵を渡す）
①油性ペンで太線をなぞってください。
②クレヨンでてるてる坊主の右半分を点線の中に描いてください。
③てるてる坊主を囲っている点線をハサミで切り取ったら完成です。
④切り取った紙くずを机の上にまとめて、道具をトレイに片付け、手を膝に置いて、先生の指示があるまで待っていてください。

〈時間〉　５分

問題5　分野：数量（計数）

〈準備〉　鉛筆

〈問題〉　この問題の絵は縦に使用してください。
①～③数が多い方に○をつけてください。
④右から５番目のくだものに○を、左から２番目のくだものに△をつけてください。

〈時間〉　各15秒

問題6　分野：推理（系列）

〈準備〉　鉛筆

〈問題〉　絵の中の記号はお約束通り並んでいます。では、四角の中にはどの記号が入りますか。その記号に○をつけてください。

〈時間〉　各15秒

問題7　分野：図形（パズル）

〈準備〉　あらかじめ問題7－1の絵を切って、三角形のパーツを作る。

〈問題〉　（問題7－2の絵を見せる）
三角形のパーツを組み立てて、見本と同じ形を作ってください。

〈時間〉　1分

問題8　分野：行動観察

〈準備〉　棚、積み木（4つ、側面に♡が描いてある）、机、
リュックサック、ブルーシート
※問題8の絵を参考にして配置しておく

〈問題〉　①上靴を脱いでブルーシートに上がってください。
②♡の位置が揃うように、積み木を積み上げてください。
③リュックサックを下から2番目の棚に入れてください。
④終わったら、上靴を履いてこちら（テスターのいる場所）まで来てください。

〈時間〉　3分程度

問題1

問題４

問題5

☆宇都宮大学共同教育学部附属小学校

①

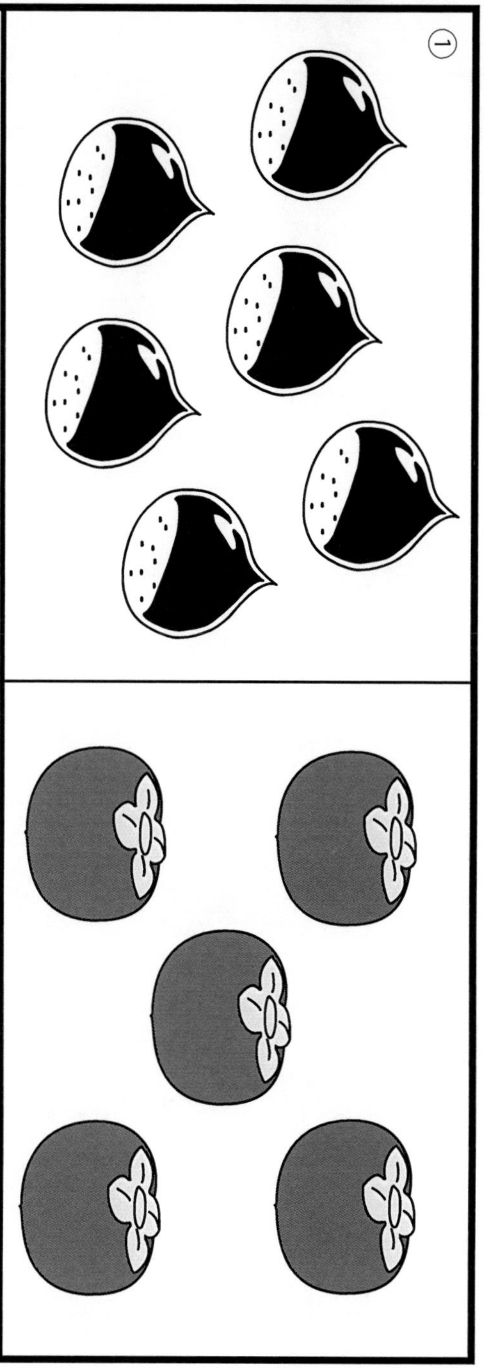

②

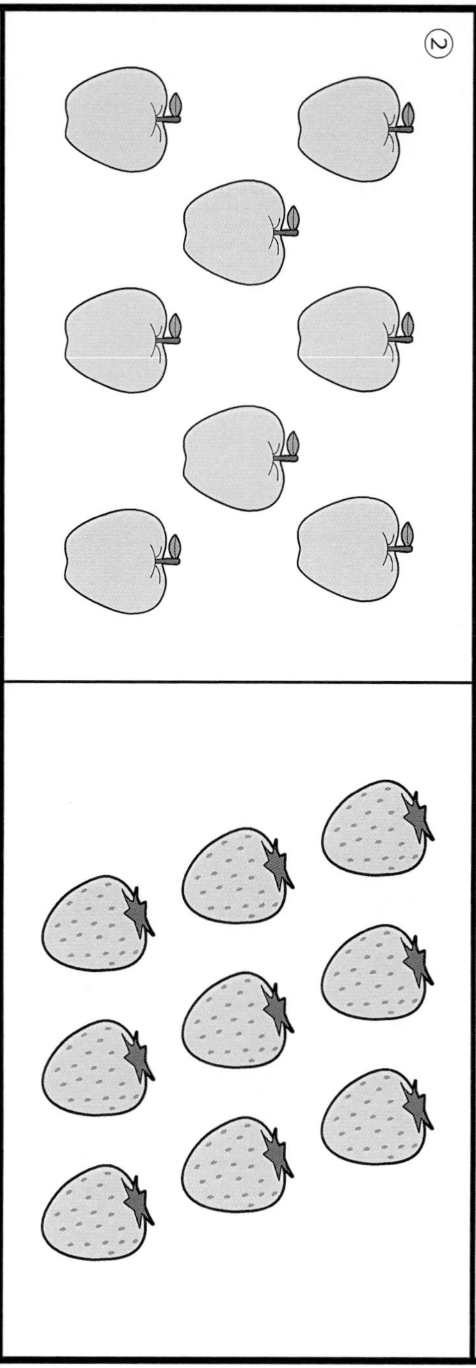

③

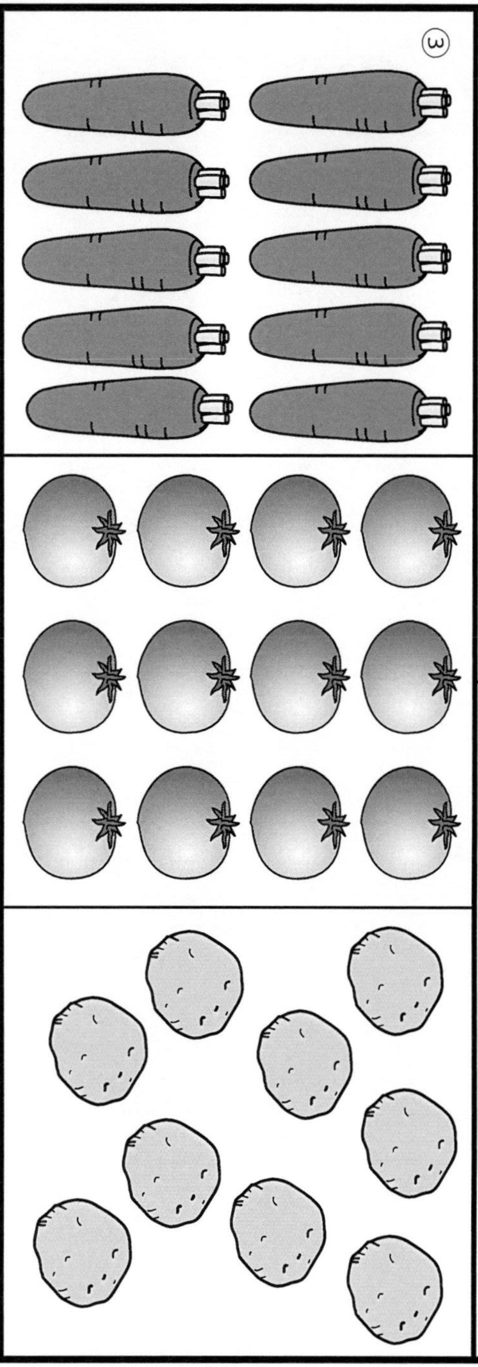

④

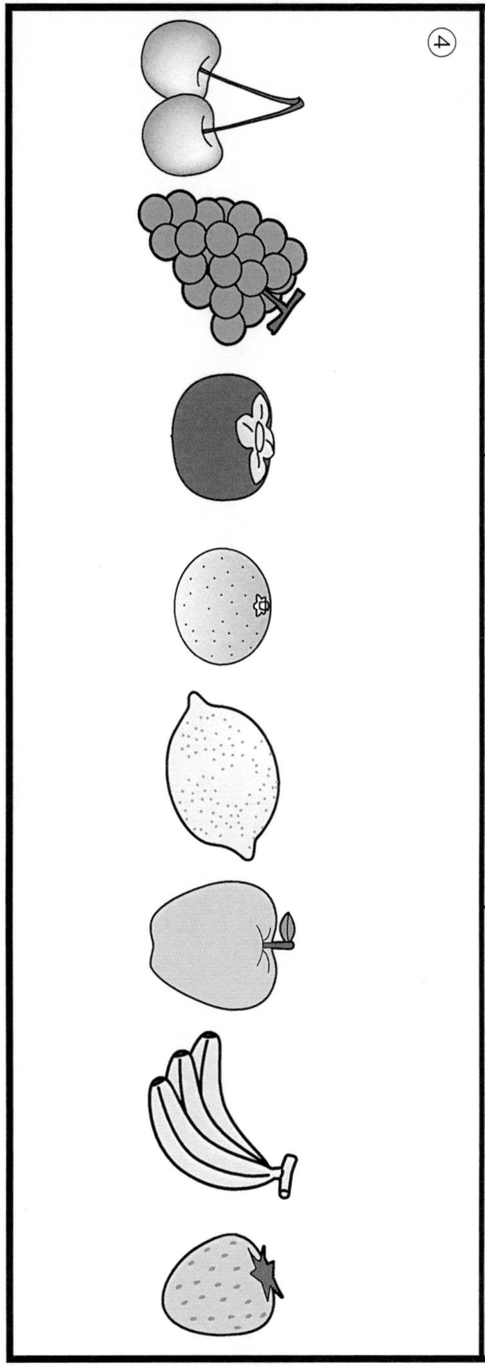

日本学習図書株式会社

問題6

☆宇都宮大学共同教育学部附属小学校

①

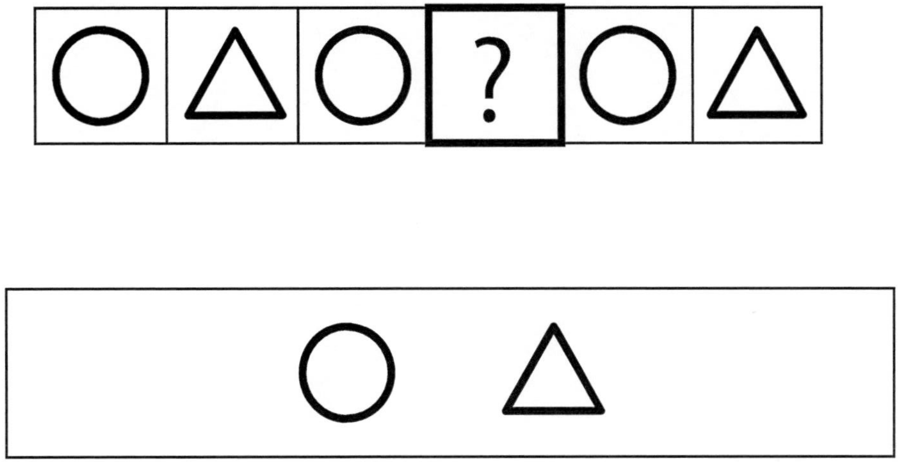

②

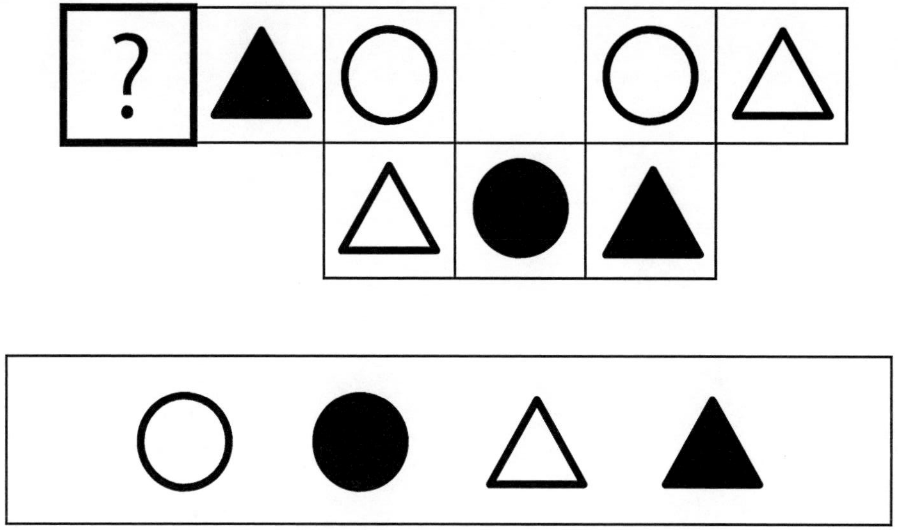

③

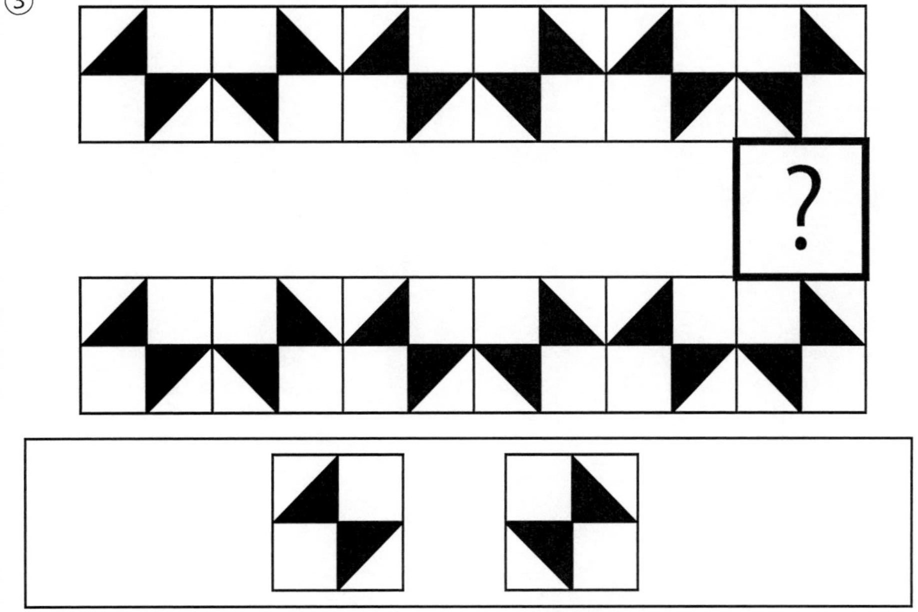

④

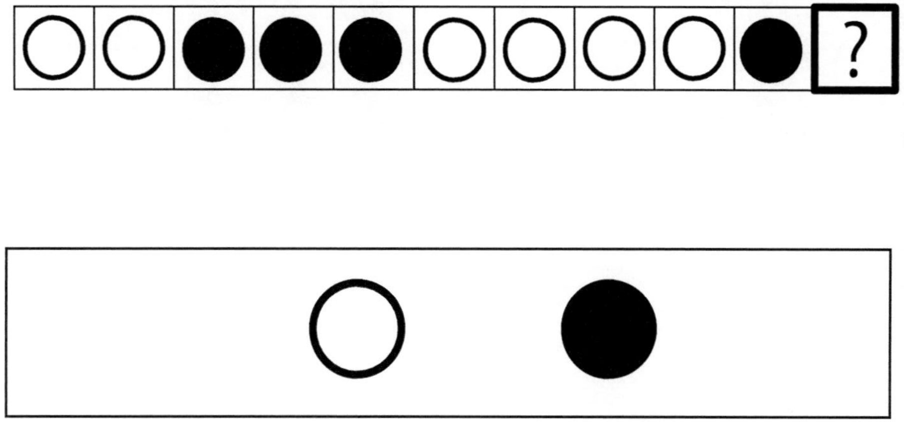

日本学習図書株式会社

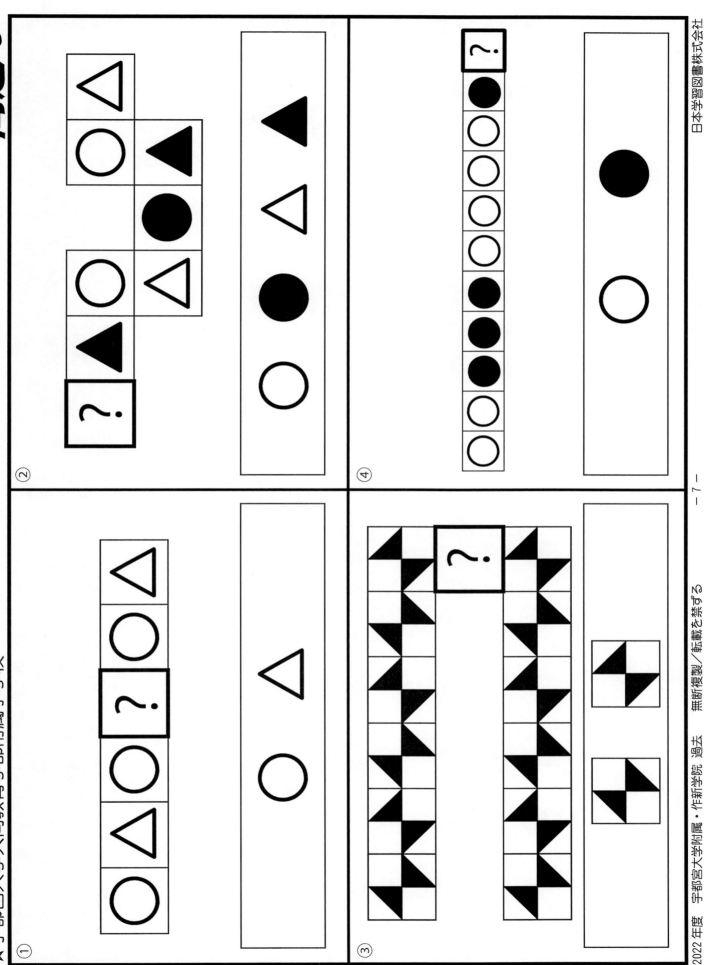

問題７－１

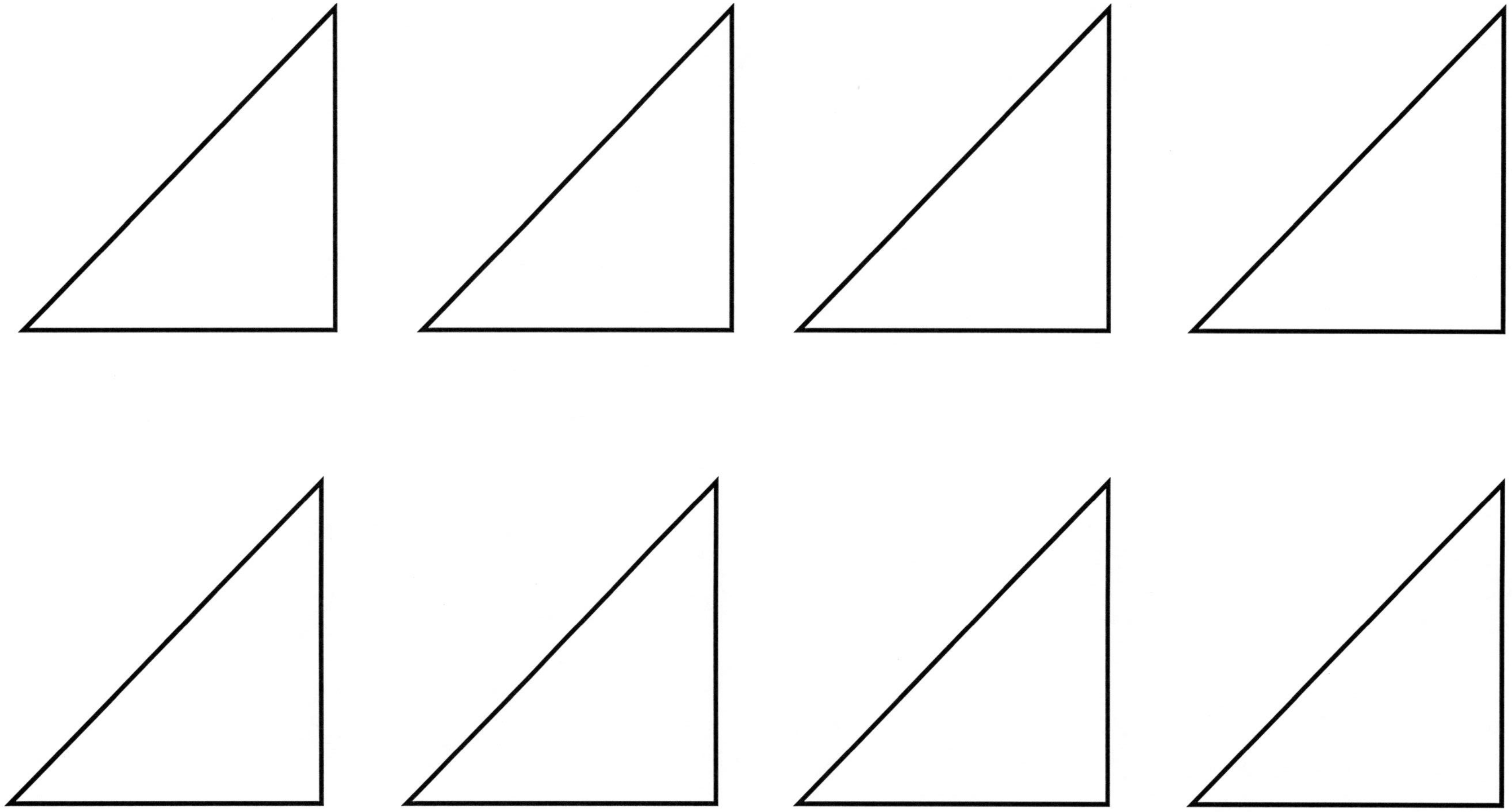

問題 7 － 2

☆宇都宮大学共同教育学部附属小学校

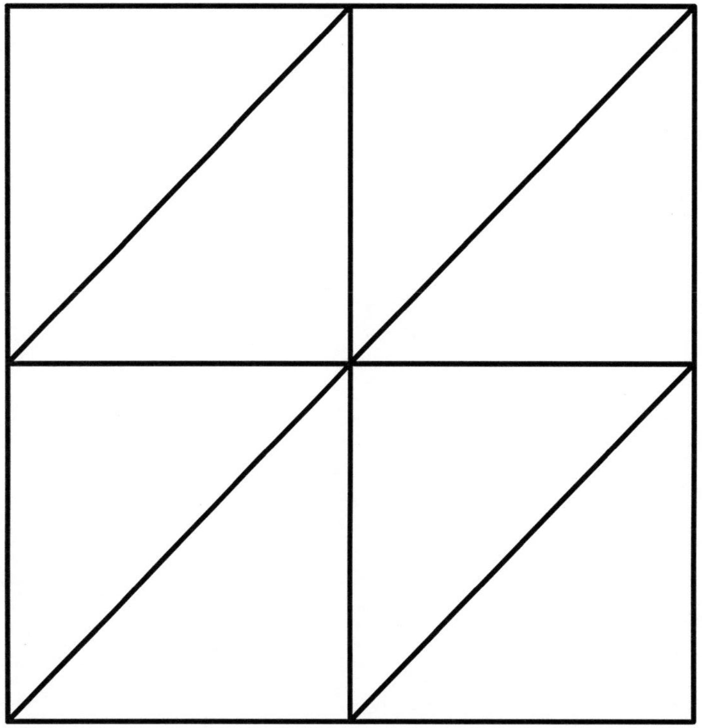

問題 8

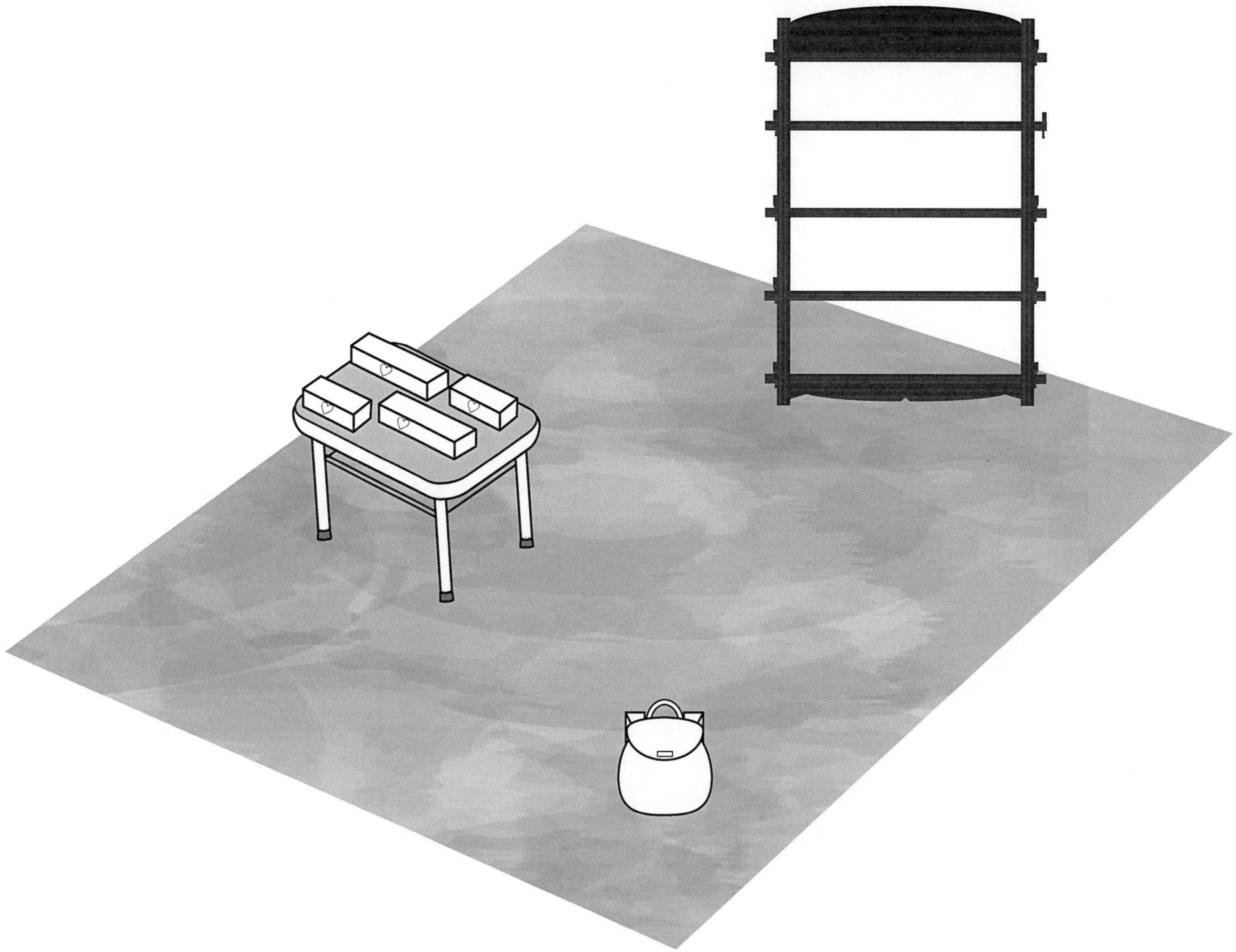

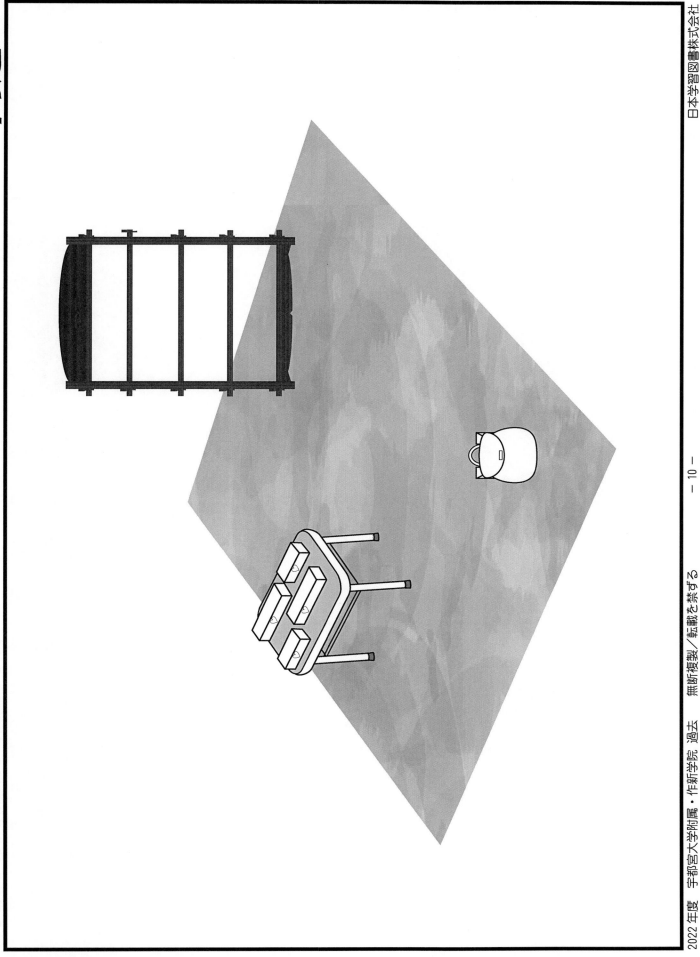

2021年度入試
解答例・学習アドバイス

解答例では、制作・巧緻性・行動観察・運動といった分野の問題の答えは省略されています。こうした問題では、各問のアドバイスを参照し、保護者の方がお子さまの答えを判断してください。

問題1　分野：志願者面接・口頭試問

〈解 答〉　省略

国立小学校入試ではあまり行われない志願者面接が行われます。質問内容は生活の様子をうかがうもの、基本的な常識のあるなしをチェックするもののようです。目的は１つで「会話ができるか」、つまり「基本的なコミュニケーションが成り立つか」をチェックするためです。返答の内容はよほど突飛なものでない限り問題にされません。それよりは質問に沿っていない答えの方が悪い評価を受けるかもしれない、ということなります。なお、⑦は「お話」とありますが、複雑なお話を作れというのではなくて、「誰が」「何を」「誰に」といったことと、「～と思った」という登場人物の気持ちが表現されていれば、内容はあまり気にしなくてよいでしょう。

【おすすめ問題集】
新 小学校受験の入試面接Ｑ＆Ａ、面接テスト問題集

問題2　分野：口頭試問（お話の記憶）

〈解 答〉　①クマ、フクロウ、リス、ハリネズミ
②変な音しか出なくて恥ずかしかったから　③省略

口頭で出題される「お話の記憶」の問題です。とは言っても、ペーパーテストとの違いはほとんどありません。「誰が」「何を」「どうした」という情報を整理しながらお話を聞き、質問の内容、つまり何を聞いているのをしっかりと理解してから返答すればよいのです。この「返答する」という部分がペーパーテストとの違いですが、答えに「～です」と付け加えればよいだけなので、大して問題にならないでしょう。お話自体は短く、内容も複雑なものではありませんから、記憶するという点でも工夫は必要ありません。③のように考えさせる質問もありますが、特に正解のある問題ではありません。素直に答えましょう。

【おすすめ問題集】
１話５分の読み聞かせお話集①・②、お話の記憶 初級編・中級編・上級編、
Ｊｒ・ウォッチャー19「お話の記憶」

問題3　分野：運動

〈解 答〉　省略

当校はアスリートを養成するための学校ではありません。ですから、運動は、お子さまに「年齢相応の運動能力」が備わっていれば、問題なくできる課題しか出題されません。保護者の方はこの点を理解して指導するようにしましょう。注意していただきたいのは、①精神的にも肉体的にも問題のない状態でお子さまを試験の場に送り出すこと、②指示を理解して、それに沿って行動するようにすることを伝える、の２点です。ふだんは「できることしか指示されないから心配ない」とお子さまに伝え、試験直前に「でも、先生のお話はよく聞いて、ルールを守ってね」と言えばよい、ということになります。なお、当校の指示はそれほど複雑ではありません。過去の課題を一度行っておけば、お子さまも戸惑うことはないでしょう。

【おすすめ問題集】
新運動テスト問題集、Ｊｒ・ウォッチャー28「運動」

問題4　分野：制作

〈解 答〉　省略

本校の制作課題では、年度によって違いますが、ハサミを使って切る、手で紙をちぎる、のりやセロハンテープで貼る、色を塗るといった基本的な作業がほとんどです。こういった作業を手早くきれいに行うには、慣れるまで練習を繰り返すしかありませんが、どんなお子さまでも時間の経過ともにうまくなっていきます。お子さまが手間取っている時は、保護者の方がアドバイスすること、できあがったものの良い点を見つけてほめることなど、手間をかけることを惜しまないでください。

【おすすめ問題集】
Ｊｒ・ウォッチャー23「切る・貼る・塗る」、実践 ゆびさきトレーニング①②③

問題5　分野：数量（計数）

〈解 答〉　①左　②右　③真ん中　④○：ミカン、△：ブドウ

当校の入試で頻出の「数量」分野の問題です。具体物（おはじきなど）を利用して数を分けたり、２つの絵を見て「こっちの集まりの方が多い（少ない）」といった、数の多少がひと目見て判断できるようにしておきましょう。①～③は、「多い・少ない」という判断ができるかどうか、④は「～番目」ということがひと目でわかるかどうかを聞いています。こういった能力は、生まれながらに持っているものではなく、経験によって培われるものですから、日常の体験を通じて成長させていきましょう。「お菓子を均等に分ける」「上から３番目の引き出しにものを片付ける」など意外にその機会は多いものです。

【おすすめ問題集】
Ｊｒ・ウォッチャー14「数える」

問題6　推理（系列）

〈解　答〉 ①右　②左から２番目　③左　④右

系列は並び方の法則を見つける問題です。ハウツーとして、同じ記号や絵を探してそれぞれ別の指で押さえ、その指の間隔を保ったまま、「？」になっている部分に、一方の指を移動させて解答を導くという方法があります。ここでは記号が直線に並んでいるので、理屈を知らなくても正解できるということになります。当校では例年、同じ問題が出題されているようなので、それでもいいと言えばいいのですが、できれば「これの後はこれが来る」というふうに考えて答えを出せるようにしてください。

【おすすめ問題集】

Ｊｒ・ウォッチャー６「系列」、31「推理思考」

問題7　分野：図形（パズル）

〈解　答〉 省略

特に難しい問題ではないので、観察して感覚的に理解できていればそれでもよいのですが、こうした問題が苦手なお子さまのために、図形問題のポイントを書いておきます。まずは「図形の性質や特徴を知っておくこと」です。同じ三角形の向きを上下対称に並べると四角形になる（△+△→□）など、基本的なことがわかっていないと図形問題は答えられません。最終的には「図形の変化がイメージできるようになること」が目標です。なお、昨年もほぼ同じ問題が出題されています。

【おすすめ問題集】

Ｊｒ・ウォッチャー３「パズル」、54「図形の構成」

問題8　分野：行動観察

〈解　答〉 省略

行動観察の観点は、「指示の理解と実行」「協調性」です。感染症対策のため、１人で行う課題になっており、協調性は観点になっていませんが、その分「指示の理解と実行」は重視されていると考えてください。とは言ってもよほど常識はずれの行動をしたり、指示を守らない限りは悪い評価は受けません。お子さまには「言われたとおりに落ち着いて行動すればよい」とだけ言っておきましょう。

【おすすめ問題集】

Ｊｒ・ウォッチャー29「行動観察」

2020年度以前の問題

問題9　分野：口頭試問（志願者面接）

〈準備〉　なし

〈問題〉　①お家のお手伝いでご両親に褒められて１番うれしかったことは何ですか。教えてください。
②「ありがとう」のように、お友だちに言われてうれしい言葉をたくさん言ってください。
③昨日までいっしょに遊んでいたお友だちがあなたに「今日から遊ばない」と言ってきたら、あなたはどう返しますか。教えてください。
④（問題９の左の絵を見せる）
この人たちがどういう気持ちなのか答えてください。
⑤（問題９の右の絵を見せる）
この人は何をしていると思いますか。この人に、「おはようございます」などのあいさつのほかに何と声をかけますか。

〈時間〉　適宜

〈解答〉　省略

［2020年度出題］

学習のポイント

口頭試問は志願者面接の中で行われます。質問は大きく分けて３種類です。①一般的な面接の質問（今日はどうやって来ましたか。など）、②ルール・マナーを中心とした常識についての質問、③「お話の記憶」。本問では②の部分を取り上げています。内容としては難しいものではないので、お子さまもすぐに解答できたのではないでしょうか。注意したいのは「口頭試問」なので答える過程も観察されること、「それはどうしてですか」といった追加の質問があることです。つまり、「頭の回転」「判断力」「質問を理解して、それに沿った解答をする」といった能力も評価されるわけです。５・６歳のお子さまなりのもので構わないので、そういった能力があること、または成長の見込み、のびしろがあること示してください。なお、答えの正解・不正解はお子さまの言う理由を聞いて保護者の方が判断してください。

【おすすめ問題集】
新 小学校受験の入試面接Ｑ＆Ａ、面接テスト問題集

問題10　分野：口頭試問（お話の記憶）

〈準　備〉　なし

〈問　題〉　**この問題の絵はありません。**
お話をよく聞いて後の質問に答えてください。

ネズミおじいさんが畑で大切にダイコン、ニンジン、インゲン豆、アスパラガスを作っています。ある日、ウサギのシロくんはネズミおじいさんの畑を見つけて、野菜がいっぱい育っているのを見つけました。シロくんが「美味しそうなニンジンがあるから食べちゃおう」と思いました。ニンジンが育っているところを見てみると、その周りには誰かがかじった跡があるニンジンがたくさん落ちていました。「みんなも食べてるんだから、僕だけ食べてもバレないや」と思い、畑に入ろうとしました。しかし、シロくんは「畑に入るな」とう看板を見つけたので、ニンジンを取るのをやめることにしました。

①お話に出てきた野菜をすべて答えてください。
②シロくんは、どうしてニンジンを取るのをやめましたか。答えてください。
③あなたがシロくんだったら、どうしますか。理由も答えてください。

〈時　間〉　即答が望ましい

〈解　答〉　①ダイコン、ニンジン、インゲン豆、アスパラガス　②③省略

［2020年度出題］

学習のポイント

口頭試問形式で出題される「お話の記憶」の問題です。とは言っても、ペーパーテストとの違いはほとんどありません。「誰が」「何を」「どうした」という情報を整理しながらお話を聞き、質問の内容、つまり何を聞いているのをしっかりと理解してから返答すればよいのです。この「返答する」という部分がペーパーテストとの違いですが、答えに「～です」と付け加えればよいだけなので、大して問題にならないはずです。お話自体は短く、内容も複雑なものではありませんから、記憶するという意味でもそれほど困ることはないでしょう。必要以上に緊張することなく、ふだんお話を聞いている時と同じように集中してください。なお、ルールやマナーに関する質問が必ず付け加えられるようですが、特に悩むようなものではないので、素直に答えましょう。

【おすすめ問題集】
1話5分の読み聞かせお話集①・②、お話の記憶 初級編・中級編・上級編、
Ｊｒ・ウォッチャー19「お話の記憶」

家庭学習のコツ①　**「先輩ママのアドバイス」を読みましょう！**

本書冒頭の「先輩ママのアドバイス」には、実際に試験を経験された方の貴重なお話が掲載されています。対策学習への取り組み方だけでなく、試験場の雰囲気や会場での過ごし方、お子さまの健康管理、家庭学習の方法など、さまざまなことがらについてのアドバイスもあります。先輩ママの体験談、アドバイスに学び、ステップアップを図りましょう！

問題11　分野：運動

〈準備〉　①ビニールテープ、始まりと終わりの線を作る。（10ｍの幅）
②ボール
③マット
④マットの先（１ｍほど）にビニールテープで○を作る。

〈問題〉　**この問題の絵はありません。**
先生のお手本を見てから、同じように行動してください。
①始まりの線から、スキップをしてください。
②ボールを頭より高く投げている間に、１回手を叩いて、キャッチしてください。
③マットの上をクマ歩きで端まで歩いてください。
④端まで歩き終えたら、その１ｍ先の印に向かってジャンプしてください。
終わったらその印の中で体操座りで先生の指示があるまで待っていてください。

〈時間〉　適宜

〈解答〉　省略

［2020年度出題］

学習のポイント

小学校受験の運動というのは「行動観察」の１つとして考えてよいでしょう。チェックされるのは「指示を聞いてその通りに行動しているか」「協調性があるか」といったことで、運動能力ではありません。もちろん、準備や待機の際の行動も評価の対象になりますから、指示されているなら指示通りに、指示されていない時は常識的な判断をして行動してください。年齢相応の成長をしていないと思われるとさすがにマイナスかもしれませんが、よほどひどい結果でなければそういった判断はしないので心配しなくてもよいでしょう。むしろ、目立とうとして指示を守らなかったり、他人の迷惑になるような行動を取ると致命的です。試験前にはそれだけは避けるようにお子さまに伝えてください。

【おすすめ問題集】
新運動テスト問題集、Ｊｒ・ウォッチャー28「運動」

問題12　分野：制作

〈準 備〉　油性ペン（黒）、クレヨン（水色）、ハサミ、トレイ

〈問 題〉　（問題12の絵を渡す）
①油性ペンで太線をなぞってください。
②水色クレヨンで雪だるまが被っているバケツを塗ってください。
③かまくらと雪だるまを囲っている点線をハサミで切り取ったら完成です。
④切り取った紙くずを机の上にまとめて、道具をトレイに片付け、手を膝に置いて、先生の指示があるまで待っていてください。

〈時 間〉　５分

〈解 答〉　省略

［2020年度出題］

学習のポイント

当校の制作課題では、意外に難しい作業が要求されるので準備が必要です。「切る・貼る・塗る」に加え、出題されたことのある「ちぎる」も一通り練習しておきましょう。なお、前述したように、制作も行動観察の１つと考えてください。つまり、「指示の把握と実行」はもっとも重要なポイントになるということです。お子さまに伝えるなら、「（先生の）お話をよく聞いて、そのとおりにしなさい」でよいでしょう。付け加えるなら、「ほかの人の迷惑にならないように」「ていねいに作業しなさい」といったことでしょうが、入試という緊張する場面であれこれ言い過ぎるのは混乱の素です。お子さまのコンディションや能力に合わせたアドバイスをしましょう。

【おすすめ問題集】
Ｊｒ・ウォッチャー23「切る・貼る・塗る」、実践 ゆびさきトレーニング①②③

家庭学習のコツ②　「家庭学習ガイド」はママの味方！

問題演習を始める前に、試験の概要をまとめた「家庭学習ガイド（本書カラーページに掲載）」を読みましょう。「家庭学習ガイド」には、応募者数や試験科目の詳細のほか、学習を進める上で重要な情報が掲載されています。それらの情報で入試の傾向をつかみ、学習の方針を立ててから、対策学習を始めてください。

問題13　分野：数量（計数）

〈準　備〉　鉛筆

〈問　題〉　**この問題の絵は縦に使用してください。**
①数が多い方に○をつけてください。②③も同様に答えてください。
④左から５番目のくだものに○を、右から２番目のくだものに△をつけてください。

〈時　間〉　各15秒

〈解　答〉　①左　②右　③真ん中　④○：レモン、△：バナナ

［2020年度出題］

学習のポイント

「数量」分野の問題です。小学校入試では２つの絵を見て「こっちの集まりの方が多い（少ない）」といった判断ができ、10ぐらいまでのものなら指折り数えなくてもいくつなのかわかるといった能力があれば、ほとんどの問題は解けます。ここでも①～③は、「多い・少ない」という判断ができるかどうか、④は「～番目」ということがひと目でわかるかどうかを聞いています。こういった能力は、生まれながらに持っているものではなく、経験によって培われるものですから、日常の体験を通じて成長させていきましょう。「お菓子を均等に分ける」「上から３番目の引き出しにものを片付ける」など意外にその機会は多いものです。

【おすすめ問題集】
Ｊｒ・ウォッチャー14「数える」

家庭学習のコツ③　効果的な学習方法～問題集を通読する

過去問題集を始めるにあたり、いきなり問題に取り組んではいませんか？　それでは本書を有効活用しているとは言えません。まず、保護者の方が、すべてを一通り読み、当校の傾向、ポイント、問題のアドバイスを頭に入れてください。そうすることにより、保護者の方の指導力がアップします。また、日常生活のさまざまなことから、保護者の方自身が「作問」することができるようになっていきます。

問題14　分野：推理（系列）

〈準備〉　鉛筆

〈問題〉　絵の中の記号はお約束通り並んでいます。では、四角の中にはどの記号が入りますか。その記号に○をつけてください。

〈時間〉　各15秒

〈解答〉　①右　②左から２番目　③左　④右

［2020年度出題］

学習のポイント

系列は並び方の法則を見つけるための思考力が観点です。ハウツーとして、同じ記号や絵を探してそれぞれ別の指で押さえ、その指の間隔を保ったまま、「？」になっている部分に、一方の指を移動させて解答を導くという方法があります。ここでは記号が直線に並んでいるので、理屈を知らなくても正解できるということになりますが、系列が円形にならんでいるものや、同じ記号が２回出てくる（○○●●といったパターン）では通用しないことがあります。そういった場合も対応できるように、観察して考えてからパターンが発見できるようにしておきましょう。その方が将来につながる学習でもあります。

【おすすめ問題集】

Ｊｒ・ウォッチャー６「系列」、31「推理思考」

問題15　分野：図形（パズル）

〈準備〉　あらかじめ問題15-１の絵を切って、三角形のパーツを作る。

〈問題〉　（問題15-２の絵を見せる）
三角形のパーツを組み立てて、見本と同じ形を作ってください。

〈時間〉　１分

〈解答〉　省略

［2020年度出題］

学習のポイント

特に難しい問題ではないので、観察して感覚的に理解できていればそれでもよいのですが、こうした問題が苦手なお子さまのために、図形問題のポイントを書いておきます。まずは「図形の性質や特徴を知っておくこと」です。同じ三角形の向きを上下対称に並べると四角形になる（△+△→□）など、基本的なことがわかっていないと図形問題は答えられません。最終的には「図形の変化がイメージできるようになること」が目標です。こうしたパズルの問題なら、ピースを頭の中で移動させて完成させること、回転図形や重ね図形の問題なら「これを回転し（重ね）たらどのようになるか」かがイメージできることです。これができればほとんどの問題にスムーズに答えられるようになります。

【おすすめ問題集】

Ｊｒ・ウォッチャー３「パズル」、54「図形の構成」

問題16　分野：行動観察

〈準備〉　マット（大中小：２枚ずつ）、ビニールテープ（青）
ビニールテープで始まりと終わりの線を作る。線と線の間隔はマット６枚を並べても届かないようにする。

〈問題〉　**この問題の絵はありません。**
今からみなさんには川（青のテープ）を渡ってもらいます。
川の向こうへはマットを使わないと渡れません。
お友だちと協力して、川を渡ってください。
以下のことを守ってください。
・マットは１枚につき乗れる人数は２人までです。
・１度置いたマットは何回でも移動させることができます。
・ジャンプできる距離にマットを配置したからといえ、ジャンプをしてはいけません。またマットの上でもジャンプをしてはいけません。

〈時間〉　10分程度

〈解答〉　省略

［2020年度出題］

家庭学習のコツ④　効果的な学習方法～お子さまの今の実力を知る

１年分の問題を解き終えた後、「家庭学習ガイド」に掲載されているレーダーチャートを参考に、目標への到達度をはかってみましょう。また、あわせてお子さまの得意・不得意の見きわめも行ってください。苦手な分野の対策にあたっては、お子さまに無理をさせず、理解度に合わせて学習するとよいでしょう。

学習のポイント

繰り返しになりますが行動観察の問題の観点は、「指示の理解と実行」「協調性」です。ここでは集団での行動観察なので、「協調性」は特によく観られると考えてください。入試だからといって、積極的にイニシアティブを取り、ほかの子よりも目立とうとする必要はありません。入試では集団のリーダーになりそうなお子さまだけを入学させたいとは考えていないので、お子さまの性格にあった行動を取ればよいのです。大人しく人見知りをするお子さまなら、ほかの人の意見に頷いて行動をしてもよいでしょう。なお、競争やゲームだとテンションが上ってしまうお子さまもいると思いますが、常識はずれの行動をしたり、指示を守らないと評価の対象にもならずに失格してしまいます。その点だけには注意するようにしてください。

【おすすめ問題集】

Ｊｒ・ウォッチャー29「行動観察」

問題17　分野：口頭試問（志願者面接）

〈準備〉　積み木、けん玉、すごろくなど

〈問題〉　①お家の人から言われて気を付けていることはなんですか。
（おもちゃをテーブルに並べる）
②どのおもちゃで遊びたいですか。選んでください。
（おもちゃを選んだら）そのおもちゃで誰と遊びたいですか。
それはなぜですか。（数回繰り返す）
③（問題17の左の絵を見せる）
この絵を見てどのように思いますか。
（答えた後）それはなぜですか。
④（問題17の右の絵を見せる）
この絵を見てどのように思いますか。
（答えた後）それはなぜですか。

〈時間〉　適宜

〈解答〉　省略

［2019年度出題］

学習のポイント

国立小学校入試ではあまり行われない志願者面接が行われます。質問内容は生活の様子をうかがうもの、基本的な常識のあるなしをチェックするもののようです。特徴としては、各質問に「それはなぜですか」という、追加の質問が必ずあることでしょう。なぜ、追加の質問するかというと、問い詰めようというわけではありませんし、詳しく事実を知りたいわけでもありません。目的は１つで「会話ができるか」、つまり「基本的なコミュニケーションが成り立つか」をチェックするためです。返答の内容はよほど突飛なものでない限り問題にされません。それよりは質問に沿っていない答えの方が悪い評価を受けるかもしれない、ということなります。準備をするなら、台本を用意してそれをお子さまに丸暗記させるような対策はやめて、親子の会話をこの面接に対応させるものにするようにしてください。

【おすすめ問題集】
新 小学校受験の入試面接Ｑ＆Ａ、面接テスト問題集

問題18　分野：運動

〈準　備〉　フープ（２本）、ボール、コーン（２本）、ビニールテープ、

〈問　題〉　**この問題の絵はありません。**
先生のお手本を見てから、同じように行動してください。
①スタートの線から、コーンを８の字を描くように走って回ってください。
②ボールを頭より高く投げてワンバウンドさせている間に、１回転してキャッチします。できるだけたくさんやってください。ボールを落としたら、自分で拾って続けてください。
③先生が持っているフラフープを交互にくぐってください。
④（ボール、なわとび、棒などを置いて）
４人でグループになり、道具を１つ選んで遊んでください。「やめ」と言ったらやめてください。

〈時　間〉　適宜

〈解　答〉　省略

［2019年度出題］

学習のポイント

当校はアスリートを養成するための学校ではありません。ですから、運動は、お子さまに「年齢相応の運動能力」が備わっていれば、問題なくできる課題しか出題されません。保護者の方はこの点を理解して、指導するようにしましょう。要は、少々動きが拙くても問題はない、という精神的な余裕を持ってよいのです。試験前に特別なことをする必要もないでしょう。保護者の方に注意していただきたいのは、①精神的にも肉体的にも問題のない状態でお子さまを試験の場に送り出すこと、②指示を理解して、それに沿って行動するようにすることを伝える、の２点です。ふだんは「できることしか指示されないから心配ない」とお子さまに伝え、試験直前に「でも、先生のお話はよく聞いて、ルールを守ってね」と言えばよい、ということになります。なお、当校の指示はそれほど複雑ではありません。過去の課題を一度行っておけば、お子さまも戸惑うことはないでしょう。

【おすすめ問題集】
新運動テスト問題集、Ｊｒ・ウォッチャー28「運動」

問題19　分野：制作

〈準　備〉　画用紙（25cm×25cm）、のり
※あらかじめ、問題19の絵を枠線で切り取っておく。

〈問　題〉　①画用紙の周りを１周ちぎってください。
②（問題19の絵を切り取ったものを渡して）
渡した絵は「ヘビの頭」です。ちぎった紙とつなげてヘビを完成させてください。

〈時　間〉　５分

〈解　答〉　省略

［2019年度出題］

学習のポイント

本校の制作課題では、年度によって違いますが、ハサミを使って切る、手で紙をちぎる、のりやセロハンテープで貼る、色を塗るといった作業が要求されます。こういった作業を手早くきれいに行うには、慣れるまで練習を繰り返すしかありません。器用・不器用より、練習を繰り返した回数が早さと巧緻性の差になると考えましょう。しかし、これらの作業にもコツはあります。ハサミを使う際には、刃先ではなく根元に近いところを使い、紙を動かすと、きれいに切れます。紙を手でちぎる時は、ちぎりたい線を中心に左右の手をなるべく近づけて行うとよいでしょう。クレヨンなどで色を塗る時は、まず輪郭線の内側を線に沿って塗り、それから広いところを塗ると手早くきれいに塗れます。お子さまがうまくいかず手間取っている時は、保護者の方がアドバイスをしてください。

【おすすめ問題集】
Ｊｒ・ウォッチャー23「切る・貼る・塗る」、実践 ゆびさきトレーニング①②③

問題20 分野：数量（計数）

〈準備〉 なし

〈問題〉 ①虫は全部で何匹いますか。答えてください。
②左から２番目の木には、虫は何匹とまっていますか。答えてください。

〈時間〉 各15秒

〈解答〉 ①10匹 ②４匹

[2019年度出題]

学習のポイント

当校の入試で頻出の「数量」分野の問題です。具体物（おはじきなど）を利用して数を分けたり、２つの絵を見て「こっちの集まりの方が多い（少ない）」といった、数の多少がひと目見て判断できるようにしておきましょう。①は絵に描かれているものをすべて数え、②は条件付きで同じく数える問題です。どちらも、計算は必要ない単純な問題ですから、ある程度慣れていれば、問題なく答えられるはずです。なお、昨年まで同じイラストに描いてある数字を指差して答える形式でしたが、本年度の入試ではその形式ではありませんでした。だからと言って、「数字を読めなくてもよい」とは考えないでください。こうしたことはいつ元の形式に戻るかわかりませんから、準備はしておきましょう。１～10までの数字は読める・意味がわかるようにしておいた方が無難です。

【おすすめ問題集】
Ｊｒ・ウォッチャー14「数える」

問題21　分野：積み木

〈準備〉　積み木（あらかじめ、問題21の絵の通りに積んでおく）

〈問題〉　お手本が２つあります。これと同じ形を作ってください。

〈時間〉　各１分

〈解答〉　省略

［2019年度出題］

学習のポイント

当たり前のことではありますが、積み木は下から組み上げるものですから、まず下の積み木を確認してから、組み立て始めるようにしましょう。ふだんから積み木に親しんでいるお子さまなら自然と組み立ての手順はわかるでしょうし、こういった説明も必要ないでしょう。積み木に限らず、図形問題は数多く類題にあたればその分だけ、感覚が身に付く分野です。この程度の問題なら対策は不要とお考えになる保護者の方もいるかもしれませんが、経験を積み重ねていくことが重要なのです。図形や立体の性質に関する基礎的な知識を「感覚的に身に付ける」よい機会ととらえて、類題に取り組む、パズルや積み木などの知育玩具に親しむ、といった形でお子さまの知識を増やしと思考力を育てていきましょう。

【おすすめ問題集】

新口頭試問・個別テスト問題集、新ノンペーパーテスト問題集、
Ｊｒ・ウォッチャー16「積み木」、53「四方からの観察　積み木編」

問題 9

④

⑤

問題１２

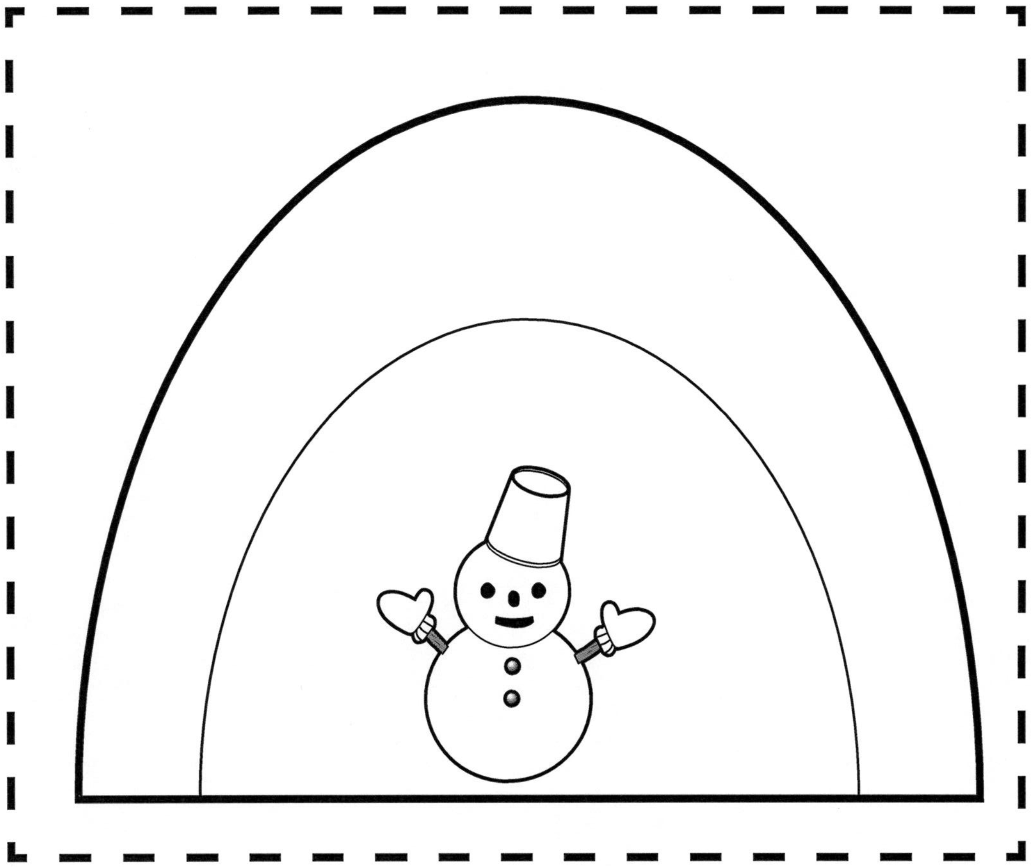

日本学習図書株式会社

☆宇都宮大学共同教育学部附属小学校

問題１３

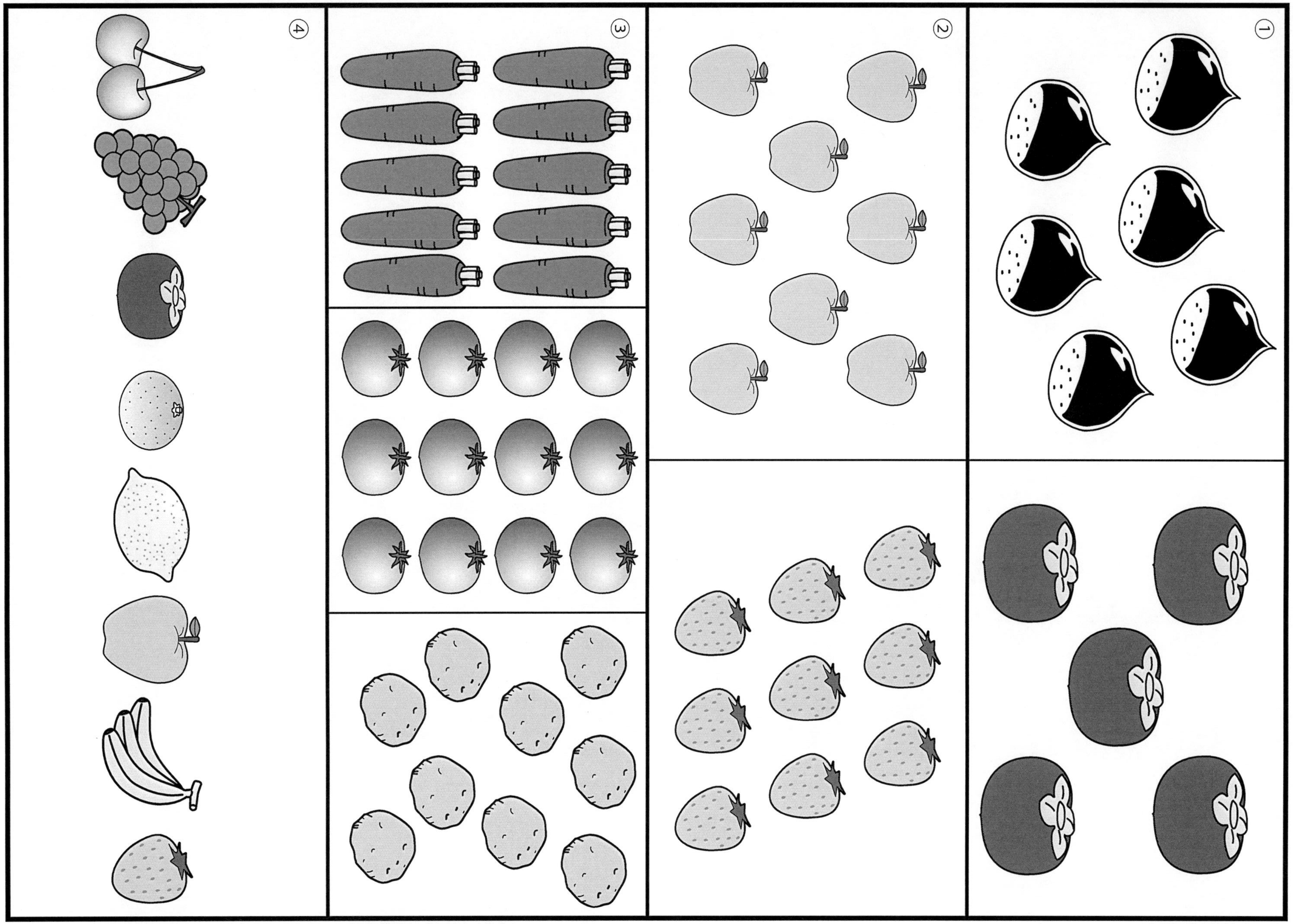

☆宇都宮大学共同教育学部附属小学校

問題１４

①

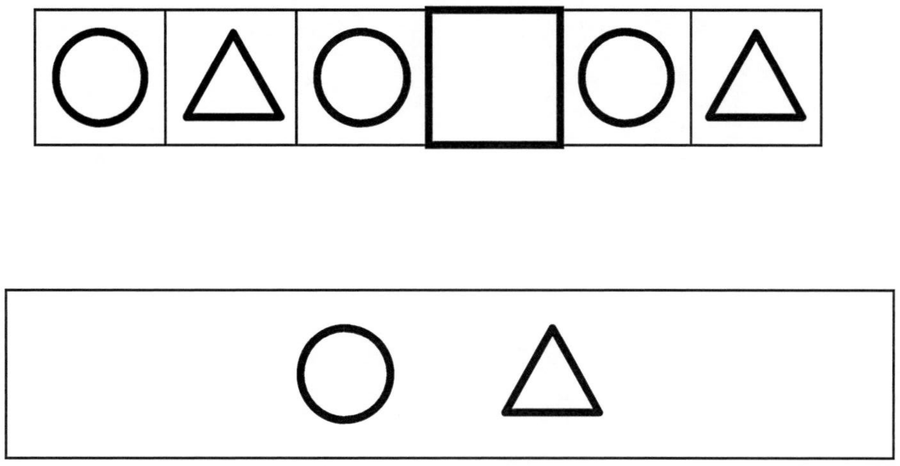

②

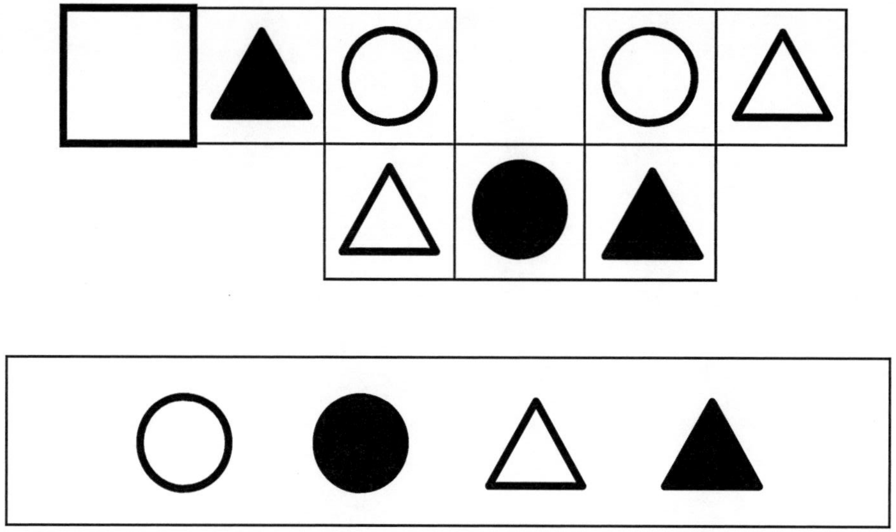

③

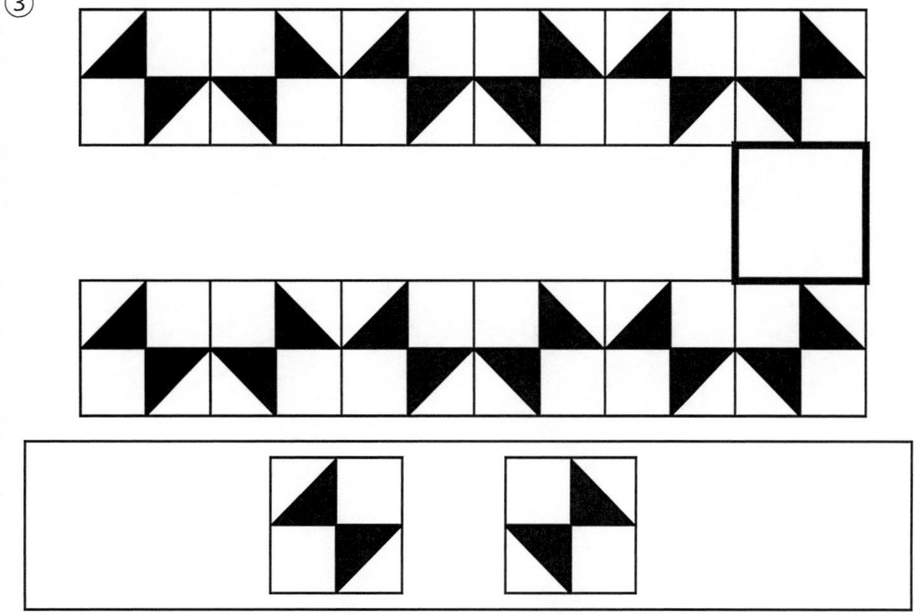

④

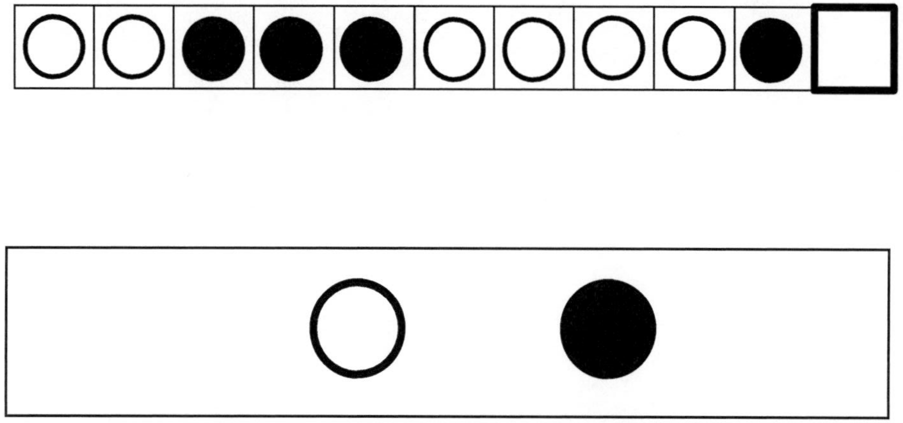

問題１５－１

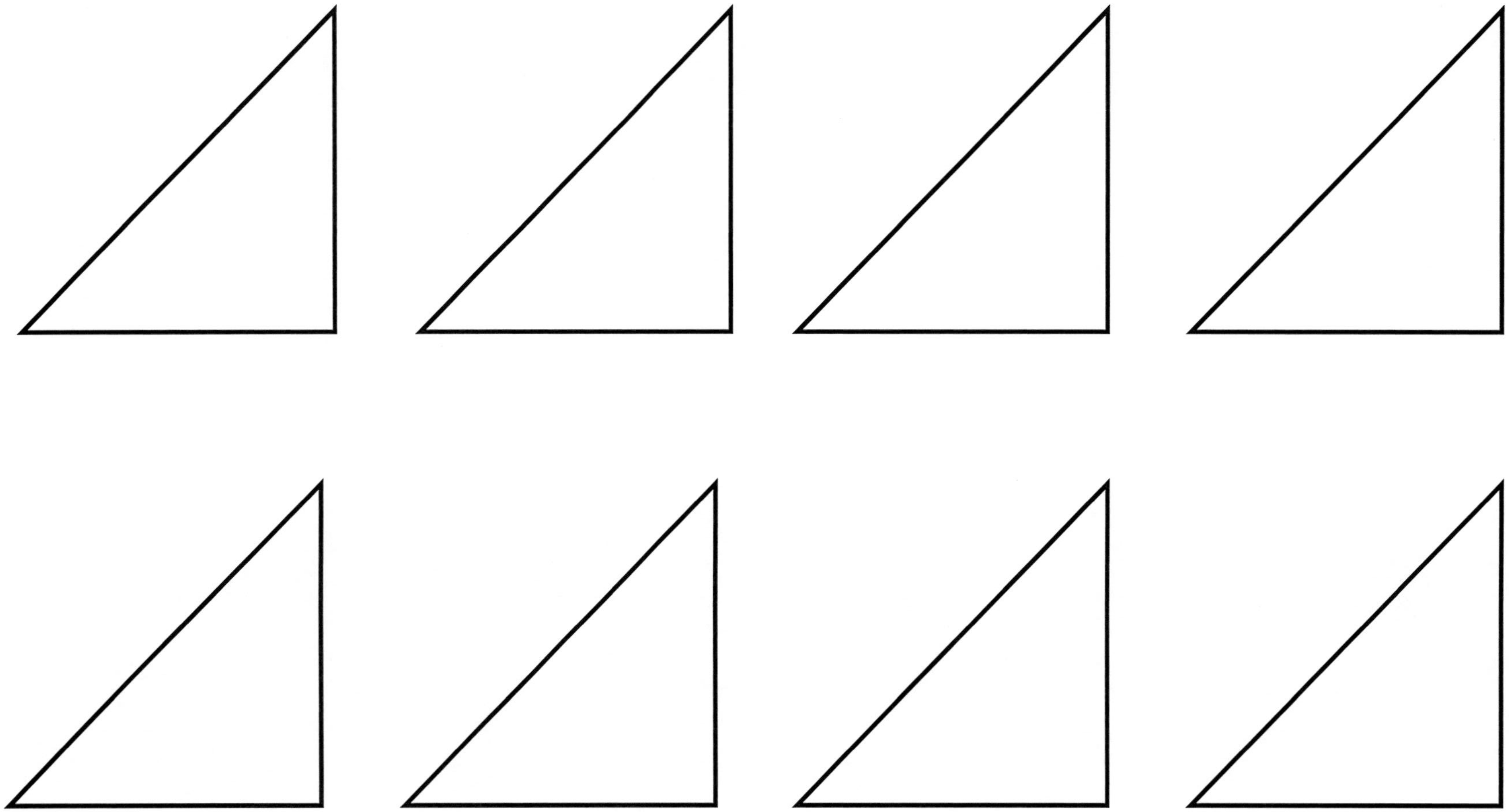

問題１５－２

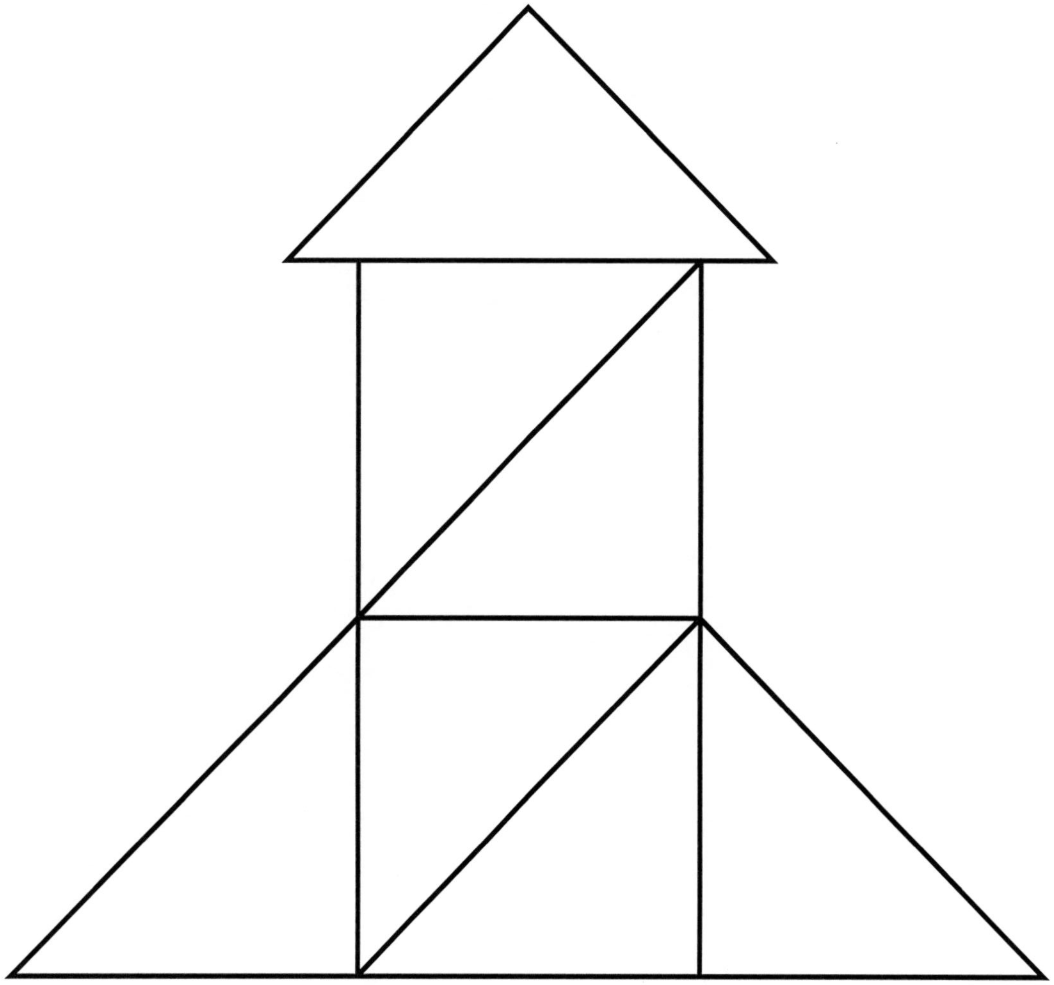

　　　

問題17

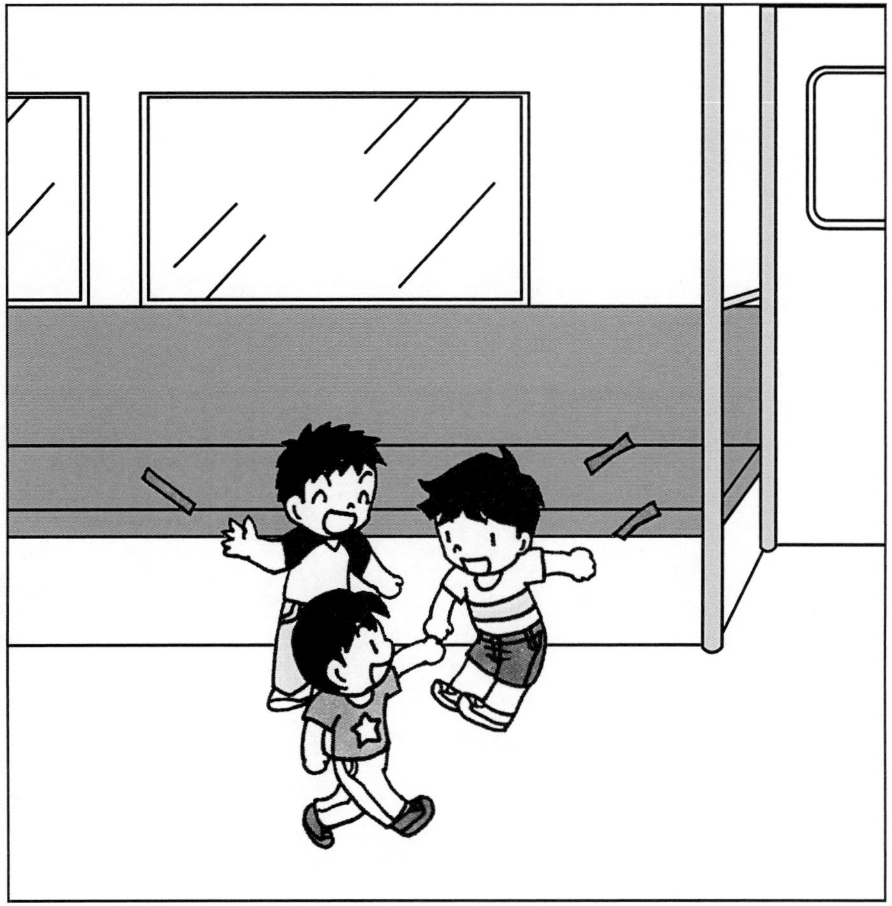

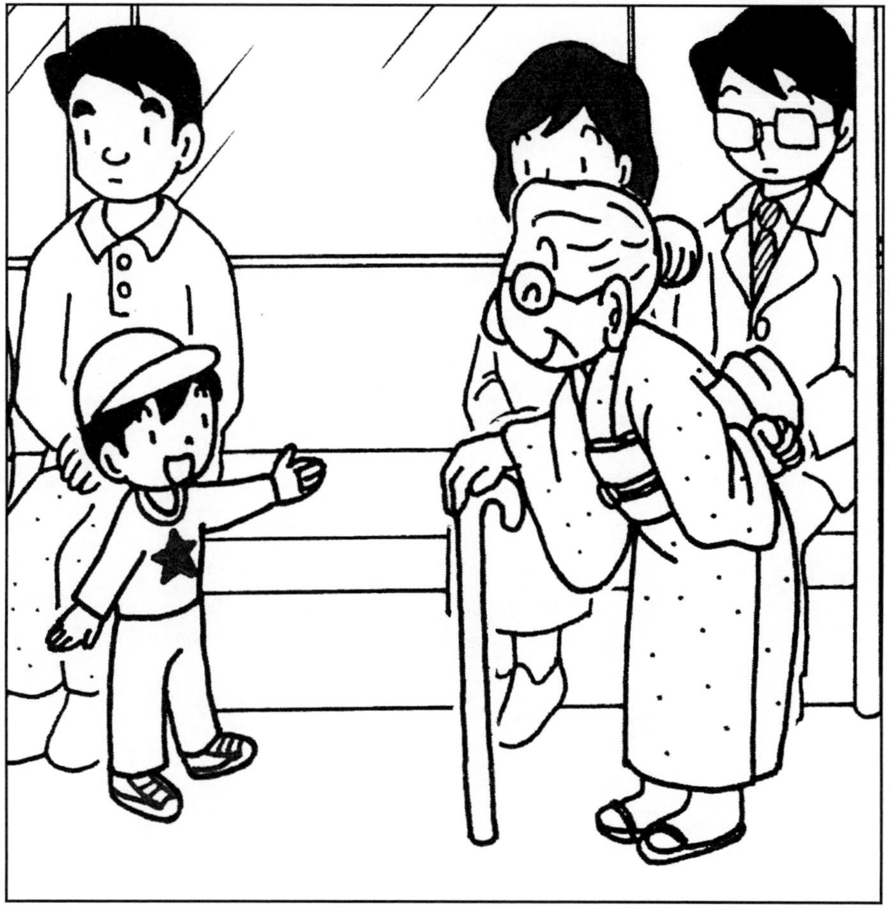

問題１９

問題２０

日本学習図書株式会社

問題２１

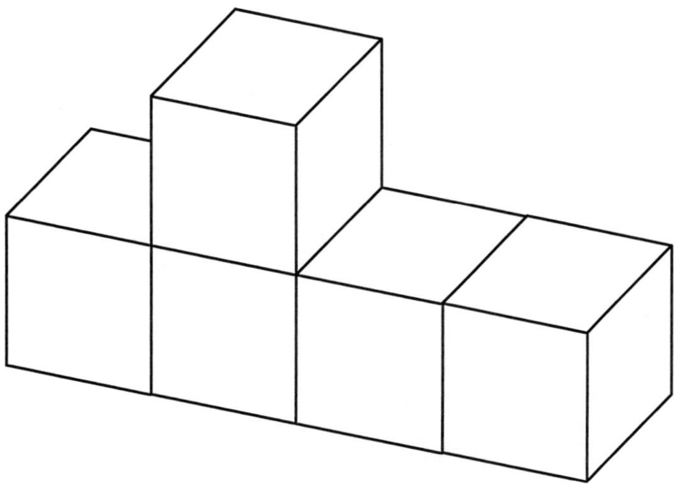

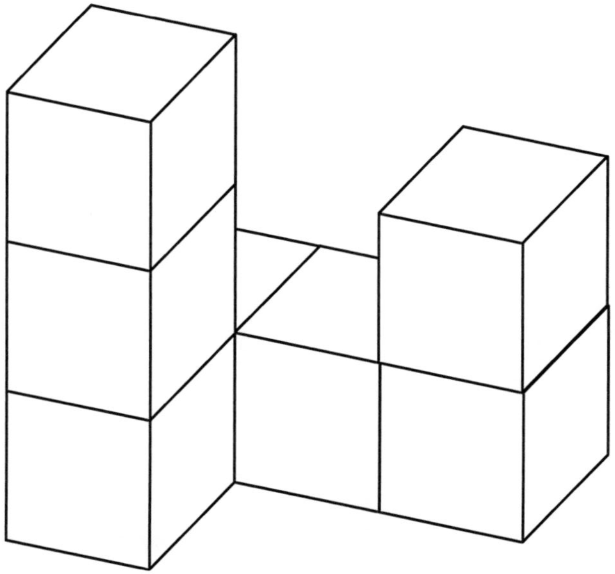

宇都宮大学共同教育学部附属小学校　専用注文書

年　　月　　日

合格のための問題集ベスト・セレクション

＊入試頻出分野ベスト３

1st　数　量　観察力　思考力

2nd　図　形　思考力　観察力

3rd　口頭試問　聞く力　話す力

本年度はペーパーテストも行われました。とはいえ、昨年までノンペーパー形式で行われていた問題がペーパー形式に変わったととらえれば問題はないでしょう。例年通り数量や図形が頻出なので、過去問題を何度も繰り返して対策をとっていきましょう。

分野	書　名	価格(税込)	注文	分野	書　名	価格(税込)	注文
図形	Ｊｒ・ウォッチャー３「パズル」	1,650 円	冊		新小学校受験の入試面接Ｑ＆Ａ	2,860 円	冊
常識	Ｊｒ・ウォッチャー 11「いろいろな仲間」	1,650 円	冊		家庭で行う 面接テスト問題集	2,200 円	冊
数量	Ｊｒ・ウォッチャー 14「数える」	1,650 円	冊		保護者のための 面接最強マニュアル	2,200 円	冊
数量	Ｊｒ・ウォッチャー 16「積み木」	1,650 円	冊		新運動テスト問題集	2,320 円	冊
記憶	Ｊｒ・ウォッチャー 19「お話の記憶」	1,650 円	冊		新口頭試問・個別テスト問題集	2,750 円	冊
想像	Ｊｒ・ウォッチャー 21「お話作り」	1,650 円	冊		新ノンペーパーテスト問題集	2,860 円	冊
巧緻性	Ｊｒ・ウォッチャー 23「切る・貼る・塗る」	1,650 円	冊		１話５分の読み聞かせお話集①・②	1,980 円	各　冊
常識	Ｊｒ・ウォッチャー 26「文字・数字」	1,650 円	冊		お話の記憶問題集 初級編	2,860 円	冊
運動	Ｊｒ・ウォッチャー 28「運動」	1,650 円	冊		お話の記憶問題集 中級編・上級編	2,200 円	各　冊
観察	Ｊｒ・ウォッチャー 29「行動観察」	1,650 円	冊		実践 ゆびさきトレーニング①②③	2,750 円	各　冊
数量	Ｊｒ・ウォッチャー 36「同数発見」	1,650 円	冊				
図形	Ｊｒ・ウォッチャー 45「図形分割」	1,650 円	冊				
図形	Ｊｒ・ウォッチャー 53「四方からの観察　積み木編」	1,650 円	冊				
図形	Ｊｒ・ウォッチャー 54「図形の構成」	1,650 円	冊				

合計	冊	円

（フリガナ） 氏　名	電　話 ＦＡＸ E-mail
住 所　〒　　　　－	以前にご注文されたことはございますか。 有　・　無

★お近くの書店、または記載の電話・FAX・ホームページにてご注文をお受けしております。
電話：03-5261-8951　FAX：03-5261-8953　代金は書籍合計金額＋送料がかかります。
※なお、落丁・乱丁以外の理由による商品の返品・交換には応じかねます。
★ご記入頂いた個人に関する情報は、当社にて厳重に管理致します。なお、ご購入の商品発送の他に、当社発行の書籍案内、書籍に関する調査に使用させて頂く場合がございますので、予めご了承ください。

日本学習図書株式会社
http://www.nichigaku.jp

〈作新学院小学部〉

※問題を始める前に、本文１頁の「本書ご使用方法」「ご使用にあたっての注意点」をご覧ください。

2021年度の最新問題

問題22　分野：面接（保護者面接）

〈準備〉　なし

〈問題〉　この問題の絵はありません。
・お子さまのお名前を教えてください
・当校の志望理由を教えてください。
・ご家庭の教育方針を教えてください。
・お子さまの長所と直してほしいところを教えてください。
・お子さまの幼稚園での様子を教えてください。
・食事は家族全員で同時にとっていますか。
・お子さまはひらがな、カタカナは書けますか。
・お子さまは１～10までの数字は言えますか。
・当校までの通学方法、所要時間を教えてください。
・習い事はしていますか。

〈時間〉　適宜

問題23　分野：面接（志願者）

〈準備〉　なし

〈問題〉　この問題の絵はありません。
①お名前を教えてください。
②通っている幼稚園の名前を教えてください。
③今日はどうやって学校に来ましたか。
④好きな食べものと嫌いな食べものを教えてください。
⑤あなたの行きたい小学校はどこですか。

〈時間〉　適宜

問題24　分野：言語（言葉の音）

〈準備〉　あらかじめ問題24の絵を枠線に沿って切り、カードにしておく。

〈問題〉　（カードを１枚ずつランダムに見せながら）
今見ている絵の言葉の音の数だけ手を叩いてください。
※すべてのカードを見せて終了。

〈時間〉　適宜

問題25　分野：記憶（見る記憶）

〈準備〉　鉛筆

〈問題〉　（問題25－１の絵を見せる）この絵をよく見て覚えてください。
（15秒後、問題25－１の絵を伏せて、問題25－２の絵を渡す）
動物たちとその前にあったボールを線で結んでください。

〈時間〉　適宜

問題26　分野：数量（計数）

〈準備〉　鉛筆

〈問題〉　上の四角の数が多いものを選んで下の四角の絵に○をつけてください。

〈時間〉　各15秒

問題27　分野：図形（パズル）

〈準備〉　鉛筆

〈問題〉　左の四角と真ん中の四角に描いてある形をくっつけるとどのようになりますか。
右の四角から選んで○をつけてください。

〈時間〉　１分

問題28　分野：運動

〈準備〉　コーン

〈問題〉　**この問題の絵はありません。**
①スキップをする。
②笛の合図でコーンまでかけ足で行き、戻ってくる。

〈時間〉　適宜

問題29　分野：行動観察

〈準備〉　画用紙（適宜、幅２cm程度の短冊状に切っておく）、問題29の絵（枠線に沿って切っておく）
※上記のものを問題29の絵を参考にして配置しておく。

〈問題〉　おいもを掘ってさがしてください。

〈時間〉　適宜

問題２４

日本学習図書株式会社

問題２５－１

日本学習図書株式会社

問題２５－２

☆作新学院小学部

問題２６

①

②

☆作新学院小学部

問題２７

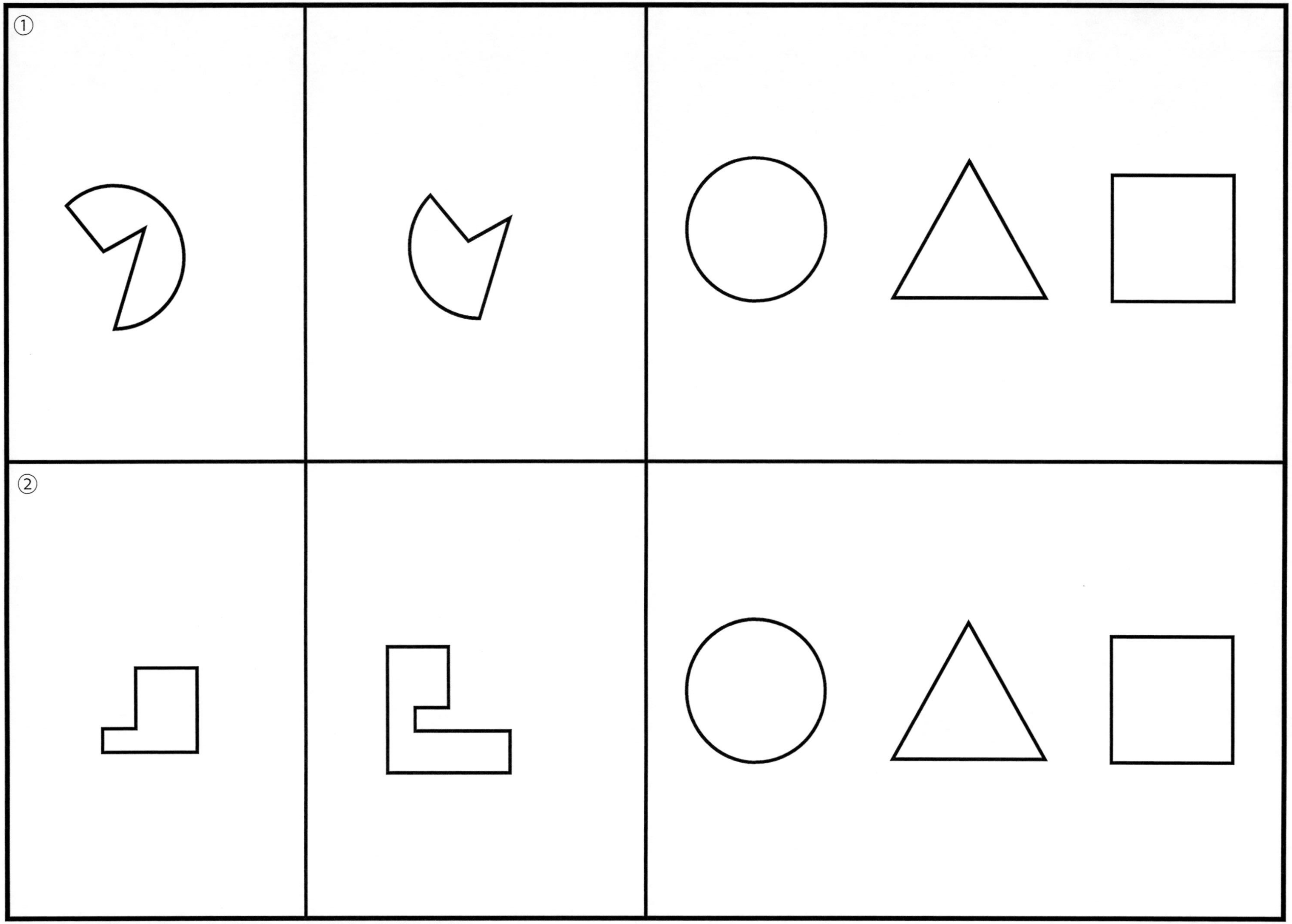

問題２９

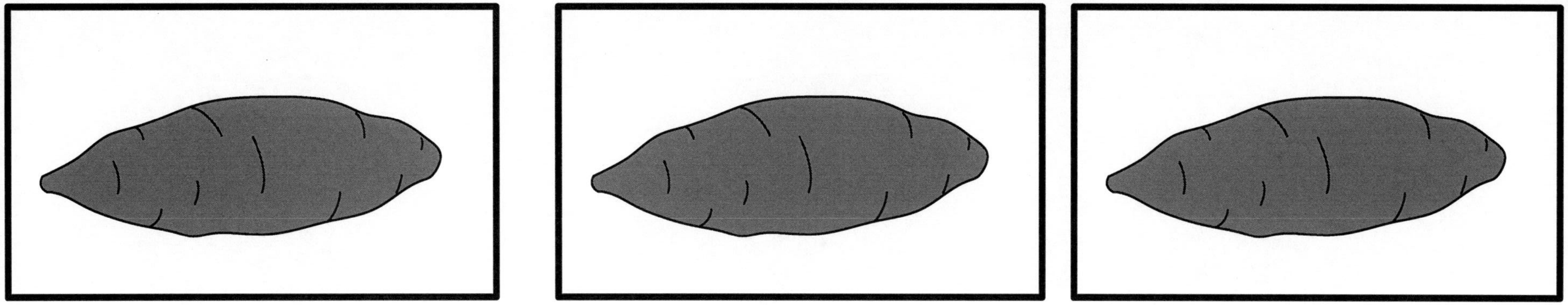

   日本学習図書株式会社

2021年度入試
解答例・学習アドバイス

解答例では、制作・巧緻性・行動観察・運動といった分野の問題の答えは省略されています。こうした問題では、各問のアドバイスを参照し、保護者の方がお子さまの答えを判断してください。

問題22　分野：面接（保護者面接）

〈解 答〉　省略

当校では基本的な事柄の質問以外に、ほかではあまり見られない質問もありますので注意しておいてください。特に、「お子さまはひらがな・カタカナは書けますか」という質問は私立小学校の入試でもほとんど見ません。このような質問にどのように答えるべきかというのは意見の分かれるところだと思いますが、「書ける」「書けない」いずれにしても、「私は～と考えて、子どもに～をさせている」という形で答えた方がよいでしょう。家庭の教育方針を自然に伝え、教育に対する熱意もアピールできるからです。

【おすすめ問題集】

新・小学校受験の入試面接Ｑ＆Ａ、面接最強マニュアル

問題23　分野：志願者面接

〈解 答〉　省略

⑤を除けば答えるのに難しい質問は１つもないので「質問に沿った答えを言う」という１点だけを注意してておけば問題はありません。もちろん、答える時に「～です」といったていねいな言葉遣いをすることが前提です。当校の志願者面接の質問内容は、毎年内容にほとんど違いはありませんが、質問の答えを丸暗記して面接に臨む、といった対策は取らないでください。なお、⑤についてはお子さまに聞くのはどうかと思いますが、止むに止まれずといった形でしょう。正直に答えてもそれほど問題はないのかもしれません。

【おすすめ問題集】

新 小学校受験の入試面接Ｑ＆Ａ、面接テスト問題集、面接最強マニュアル

問題24　分野：言語（言葉の音）

〈解 答〉　省略

言語、「言葉の音」の問題ですが、語彙というほど言葉に関する知識は必要ないので、絵になっているものが何かということさえわかれば、答えられる問題でしょう。心配なようなら練習をしておいてください。指示を理解しているかだけを問うような問題ですから、問題を理解できないようなら、分野を問わず小学校入試の問題をたくさん解いておいてください。その問題だけでなく、他の分野の問題での指示も理解できるようになります。

【おすすめ問題集】
Ｊｒ・ウォッチャー60「言葉の音（おん）」

問題25　分野：記憶（見る記憶）

〈解 答〉　省略

「見る記憶」の問題です。最初に絵を見る時間は15秒と短いので、記憶しようとするのではなく、観察してください。それほど複雑な絵ではないので、内容は把握できるはずです。その時、「キツネ・ラグビーボール・クマ…」と覚えるのではなく、「キツネの前にラグビーボールが置いてあって、クマの前に…」と覚えるのです。「関連付け」と言いますが、何かを記憶するには有効な方法の１つです。また、試験の場ではできませんが、声に出すと記憶しやすくなります。声を出すと自然とイメージすることになるので、いつの間にか記憶できるのです。

【おすすめ問題集】
Ｊｒ・ウォッチャー20「見る記憶・聴く記憶」

問題26　分野：数量（選んで数える）

〈解 答〉　①スイカ　②カブトムシ

昨年と同じ問題が出題されています。何が多いかと聞いていますが、一見してそれがわかるお子さまならともかく、ほとんどのお子さまは「多そうなものを選んで数える」という作業をして、答えを出すでしょう。ですので、必要なものは「何が多そうかを選ぶセンス」と「さまざまなものからそれを見つけ出して正確に数える」という能力です。ここでは虫や果物といった区別がつきやすいものですからそれほど難しくはないでしょうが、○や△といった記号だったり、よく似た図形を並べられると途端に難しくなるものです。余裕があればそういう問題にも挑戦してください。将来の学習に役立ちます。

【おすすめ問題集】

Ｊｒ・ウォッチャー14「数える」、37「選んで数える」

問題27　分野：図形（パズル）

〈解 答〉　①左端　②右端

パズルと言ってもすぐにわかる問題ですが、こうした図形の構成（小学校受験ではこう言います）の問題は慣れていないと問題の意味がよくわからないことがあります。図形分野の問題を数多く解いておけばそういうこともないでしょうから、パズルなど楽しみながら、こうした形が出てくる問題は何を聞いているのか、何をどう考えるのかといった勘を養っておきましょう。この問題も難しくなってくると、分割した数が増えたり、出来上がる図形が複雑なものになったりします。そういったものにもチャレンジしてください。

【おすすめ問題集】

Ｊｒ・ウォッチャー３「パズル」

問題28　分野：運動

例年出題されていた、楽器の音を聞き取って、その音で指示された行動をするという課題はなくなり、準備体操的な簡単な課題が出題されています。特に難しいところはないので、指示の理解とそれに沿った行動をしていれば悪い評価は受けません。感染症対策ということもあるのでしょうが、対策も必要ないぐらいの課題です。慌てることもないでしょうが落ち着いて臨んでください。

【おすすめ問題集】

新運動テスト問題集、Ｊｒ・ウォッチャー28「運動」

問題29　分野：行動観察

運動とセットで行われていた行動観察はなくなり、行動観察のみがこのような課題で行われています。特に作業も必要ないので準備として行うこともありません。楽しんで課題を行えればそれでよいのかもしれません。一応競争という形にはなっていますが、あまり勝ち負けにこだわらずに行ってください。あまり工夫の余地もありませんから、手早く行った方がよいぐらいのことしか言えません。純粋に子どもらしく楽しむ、そういう課題なのでしょう。

【おすすめ問題集】

Ｊｒ・ウォッチャー29「行動観察」

2020年度以前の問題

問題30　分野：面接（保護者面接）

〈準備〉　なし

〈問題〉　**この問題の絵はありません。**
・お子さまのお名前を教えてください
・当校の志望理由を教えてください。
・ご家庭の教育方針を教えてください。
・お子さまの長所と直してほしいところを教えてください。
・お子さまの幼稚園での様子を教えてください。
・食事は家族全員で同時にとっていますか。
・お子さまはひらがな、カタカナは書けますか。
・お子さまは１～10までの数字は言えますか。
・当校までの通学方法、所要時間を教えてください。
・習い事はしていますか。

〈時間〉　適宜

〈解答〉　省略

［2020年度出題］

学習のポイント

当校では①志願者の保護者全員に共通の基本的内容（志望理由など）と、②事前に記入されたアンケートのからの質問という、２つのタイプの質問がありますが、今回は①の質問が少なくなっているということです。これは国立小学校でも、保護者・家庭環境を重視する姿勢が見られるようになったことの表れかもしれません。それはともかく、質問にはほかではあまり見られない質問もありますので、注意しておいてください。特に、「お子さまはひらがな・カタカナは書けますか」という質問は私立小学校の入試でもほとんど見ません。このような質問にどのように答えるべきかというのは意見の分かれるところだと思いますが、「書ける」「書けない」いずれにしても、「私は～と考えて、お子さまを～させている」という形で答えた方がよいでしょう。家庭の教育方針を自然に伝え、教育に対する熱意もアピールできるからです。

【おすすめ問題集】
新・小学校受験の入試面接Ｑ＆Ａ、面接最強マニュアル

問題31 分野：面接（志願者）

〈準 備〉 なし

〈問 題〉 **この問題の絵はありません。**
①お名前を教えてください。
②兄弟、姉妹はいますか。（いると答えたら）何歳ですか。
③通っている幼稚園の名前を教えてください。
④好きな食べものと嫌いな食べものを教えてください。
⑤（兄弟、姉妹がいると答えたら）
　兄弟、姉妹はどこでお留守番していますか。
⑥お父さん、お母さんがやさしいのはどんな時ですか。
⑦面接の練習はしましたか。

〈時 間〉 適宜

〈解 答〉 省略

［2020年度出題］

学習のポイント

答えることが難しい質問は１つもありません。観られているのは、内容ではないということでしょう。こうした他愛もない質問の意図は「ふつうにやりとりができるか」ということをチェックしていると思ってください。ですからお子さまには「質問に沿った答えを言う」という１点だけを注意させておけば問題はありません。もちろん、答える時に「～です」といったていねいな言葉遣いをすることが前提です。当校の志願者面接の質問内容は、毎年内容にほとんど違いはありませんが、質問の答えを丸暗記して面接に臨む、といった対策は取らない方がよいでしょう。どうしても、回答を忘れてはいけないという余計なプレッシャーがかかり、相手の話を聞く、理解するという面接の基本が疎かになってしまうからです。

【おすすめ問題集】
新 小学校受験の入試面接Ｑ＆Ａ、面接テスト問題集、面接最強マニュアル

問題32　分野：お話の記憶

〈準備〉　鉛筆

〈問題〉　これからするお話をよく聞いて、後の質問に答えてください。
今日はとても天気がよかったので、かなでちゃんはお母さんといっしょに動物園に行くことにしました。動物園へ向かうバスでお母さんが「かなでは何の動物が見たいの？」と聞いてきたので、「パンダ」と答えました。動物園に着くと、さっそくパンダのところへ走っていきましたが、今日はパンダはお休みでした。かなでちゃんはとても悲しくて泣いてしまいました。そんなかなでちゃんの様子を見て、お母さんはソフトクリームをかなでちゃんに渡しました。「元気出して、ほかの動物見ようよ」かなでちゃんは大きくうなずき、ペンギンを見に行きました。ペンギンがヨチヨチ歩く様子はとても可愛くてつい見とれてしまい、かなでちゃんはソフトクリームを落っことしてしまったことに気付きませんでした。お母さんとかなでちゃんがそれに気付いた時、２人で笑い合いました。

①上の段を見てください。お母さんとかなでちゃんが最初に見た動物は何ですか。選んで○をつけてください。
②真ん中の段を見てください。かなでちゃんは何を食べましたか。選んで○をつけてください。
③下の段を見てください。お母さんとかなでちゃんは動物園まで何に乗って行きましたか。選んで○をつけてください。

〈時間〉　各15秒

〈解答〉　①左から２番目（ペンギン）　②右から２番目（ソフトクリーム）
③左端（バス）

［2020年度出題］

学習のポイント

当校のお話の記憶は、お話が短く、内容も複雑ではありません。特に準備や練習をしなくても答えられるレベルだとは思いますが、「お話を聞いてそれについての質問に答える」ということはなかなか日常では行わないと思います。この問題や類題集（基礎的なもので構いません）で予行演習を行っておきましょう。コツは「誰が」「何を」「～した」といった質問されそうなポイントを押さえながら聞くことです。何度か繰り返せばお子さまにもそういったポイントがわかってきます。スムーズに答えられるようなればそのコツが身に付いたということになります。

【おすすめ問題集】
１話５分の読み聞かせお話集①②、　お話の記憶 初級編・中級編、
Ｊｒ・ウォッチャー19「お話の記憶」

問題33　分野：図形（欠所補完）

〈準備〉　鉛筆

〈問題〉　（問題33の絵を渡す）
それぞれの絵の中で足りないところに、×を書いてください。

〈時間〉　2分

〈解答〉　下図参照

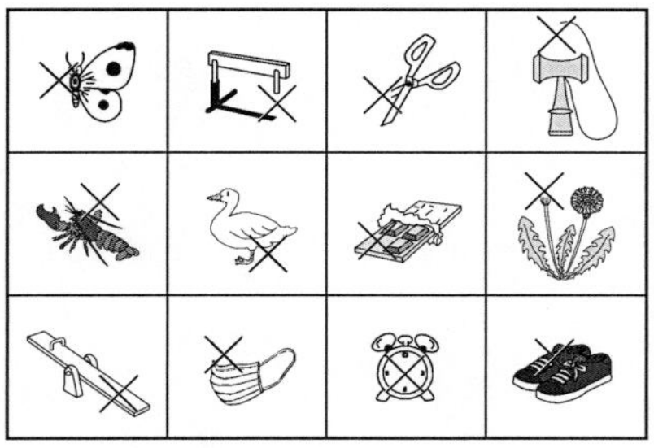

［2020年度出題］

学習のポイント

昨年も出題された欠所補完の問題です。欠所補完の問題は２種類あって、１つは図形問題として出されるものです。例えば「三角形の欠けている直線を書け」といった問題がこれにあたります。もう１つは、この問題のように「常識的にあるはずのものがない」問題です。選択肢があれば（欠けている部分にあてはまる形は次のうちどれかといった問題です）図形問題の要素も含まれるのですが、ここでは「あるはずのものがないものは？」と聞いているので、常識の問題ということになります。答えられたのなら問題ありませんが、少しでも迷ったようなら知識を補っておく必要があります。あまり見かけない動植物、季節の草花・行事などついては保護者の方が知識を得る機会を設けてください。

【おすすめ問題集】
Ｊｒ・ウォッチャー59「欠所補完」

問題34　分野：行動観察・運動

〈準　備〉　ピアノ、ボール（適宜）、コーン、マット、的

〈問　題〉　①ピアノの音に合わせて、指示された動きをする。
・低い音：ゾウになる。片手を耳にあて、もう片方を下にダランと垂らし、鼻のようにする。歩く時に力強く大きな歩幅で歩く。
・高い音：タヌキになる。お腹に片手ずつ交互に当てて歩く。
②ケンパをする。
※その時自分で「ケンパ、ケンパ、ケンケンパ」と声を出しながら行う。
（４人１組のグループになり、体育館へ移動）
③笛の合図でコーンまでかけ足で行き、戻ってくる。
④的に目がけて、ボールを投げる。
⑤（あらかじめ問題34の絵を切り取っておく）
先生が手を叩いた数と同じ文字数の動物のカードを上にあげる。

〈時　間〉　適宜

〈解　答〉　省略

［2020年度出題］

学習のポイント

昨年とほぼ同じの出題内容ですが、④が「先生が手を叩いた数と同じ文字数の動物のカードを上にあげてください」とかなり簡単になっています。問題なく対応できるでしょう。それ以外は昨年と全く同じなので、行動観察の基本を守っていれば問題ありません。「指示を理解してそのとおりに行動する」「人に迷惑をかけないようにする」。この２つが守れていればよいということです。ケンパ程度はできたほうがよいでしょうが、ボールが的に届かなくても、走るのが遅くても悪い評価はされません。お子さまにも「言われたことを守って、積極的に動く」といったアドバイスをしておきましょう。

【おすすめ問題集】
新運動テスト問題集、Ｊｒ・ウォッチャー28「運動」、
Ｊｒ・ウォッチャー29「行動観察」

問題35　分野：図形（同図形探し）

〈準　備〉　鉛筆

〈問　題〉　絵の中にいる、ゾウとスズメに○をつけてください。四角に描いてあるのは見本ですから、○をつけないでください。

〈時　間〉　１分

〈解　答〉　下図参照

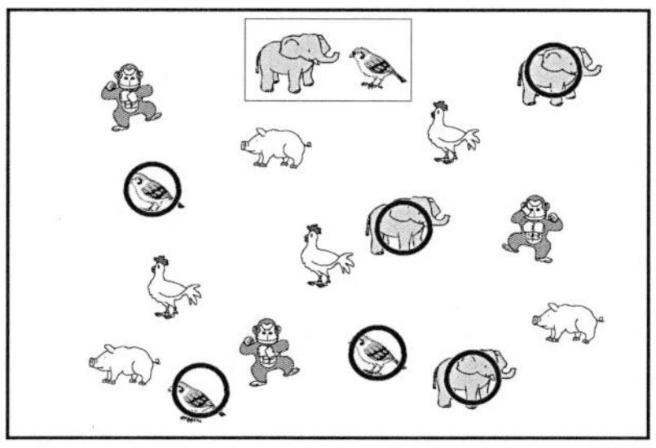

［2019年度出題］

学習のポイント

同図形探しの問題は、当校で例年出題されています。基本的には、見本があってその図形と同じものを同じ段（列）から探すという問題が多いのですが、当校ではランダムに配置されたものから、見本と同じものを探すという形になっていることが多いようです。ひねった問題になると選択肢の絵の中に、見本とほんの少し違う図形があったり、図形が反転しているものがあったりするのですが、当校ではそんなことはありません。ランダムに配置している以外は何のひねりもないのです。ですから、ここで注意すべきなのは「見逃し」だけです。幸い、こういった問題としては時間に余裕がありますから、見る方向を一定にする、答えたあとにもう一度見直す、といった工夫をしながら、見逃しがないように答えましょう。

【おすすめ問題集】

Ｊｒ・ウォッチャー４「同図形探し」

問題36　分野：図形（欠所補完）

〈準 備〉　鉛筆

〈問 題〉　それぞれの絵の中で足りないところに、×を書いてください。

〈時 間〉　２分

〈解 答〉　下図参照

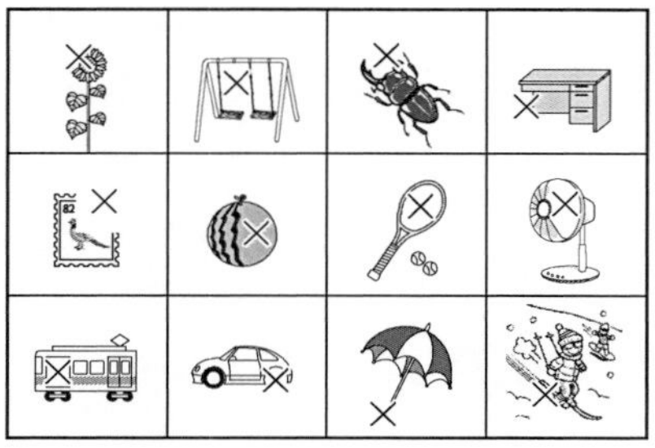

［2019年度出題］

学習のポイント

本年度も欠所補完の問題が出題されました。当校の欠所補完の問題は、身の周りでよく見るものの１部分が欠けており、そこを見つけるというものです。描かれているものの全体像を思い浮かべることができれば、欠けているところが自然とわかります。わからないとすれば、それは年齢相応の生活常識が足りていないということかもしれません。お手伝いをさせる、おつかいを頼む、といった経験を積ませることでそういった知識を補ってください。なお、当校の欠所補完の問題では、そのものの特徴的な部分や本質的な部分を取り除くことが多いようです。例えばヒマワリならば黄色い花びら、スイカならば縞模様、扇風機ならば羽の部分など、その部分だけを見て、全体の形がわかるようなものです。

【おすすめ問題集】

Ｊｒ・ウォッチャー59「欠所補完」

問題37　分野：数量（計数）

〈準 備〉　鉛筆

〈問 題〉　左側の絵を見てください。上の段の中で１番数の多いものを見つけて、下の絵に○をつけてください。できたら右側の絵も同じように答えてください。

〈時 間〉　各30秒

〈解 答〉　①左（スイカ）　②右（カブトムシ）

［2019年度出題］

学習のポイント

「数に対するセンス」を観点にした問題です。「数に対するセンス」とはひと目で２つの集合の多少ががわかったり、10以下の数であれば、指折り数えることなく、いくつのものがあるかがわかる、といった感覚のことです。こういう表現をしてしまうと難しそうですが、この感覚は、特別な訓練が必要なものではなく、日常生活で自然と身に付く感覚です。買い物をしてお金を払う時、友だちとおやつを分ける時など、何かを数える時に自然とものを数え、「数の感覚」を身に付けているのです。当校の問題は基礎的な内容なので、指折り数えても解答時間内に正解が出せるでしょう。合格だけを考えればそれでもかまいませんが、できれば高い意識で、こういった問題に取り組くんでください。「数の感覚」は将来の学習にも役立つものです。

【おすすめ問題集】

Ｊｒ・ウォッチャー14「数える」、37「選んで数える」

問題38　分野：推理（迷路）

〈準 備〉　鉛筆

〈問 題〉　迷路を右上の矢印から左下の矢印まで線を引いてください。分かれ道に数字が書かれている時は、数字が大きい方の道へ進んでください。

〈時 間〉　１分

〈解 答〉　下図参照

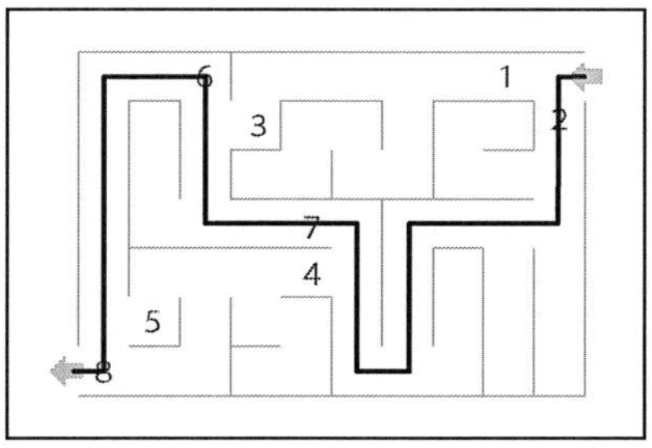

［2019年度出題］

学習のポイント

迷路と数量を複合させた問題です。通常の問題とは違い、ものの数を数えるのではなく、数字で大小を判別しなければいけない分、難しいかもしれません。迷路はあまり複雑なものではなく、ゴールまで進むことは比較的容易ですので、数字が大きい方へ進むという指示を聞き逃さないように注意して取り組んでください。小学校入試では、数字を数えることは多くの学校で求められますが、数字を読むことを求める学校はそれほど多くありません。しかし、一桁の数であれば、数字を数えることと読むことを、分けて考える必要はありません。数量の学習の１つとして、数字を読むことも織り交ぜていくとよいでしょう。

【おすすめ問題集】

Ｊｒ・ウォッチャー７「迷路」、14「数える」

問題39　分野：行動観察・運動

〈準 備〉　ピアノ、ボール（適宜）、コーン、マット

〈問 題〉　**この問題の絵はありません。**

①ピアノの音に合わせて、指示された動きをする。
・低い音：クマがきた合図。頭を抱えてしゃがみ、音が鳴り終わるまで待つ。
・高い音：ウサギになる。両手で耳を作ってピョンピョン跳ぶ。
②ケンパをする。
※その時自分で「ケンパ、ケンパ、ケンケンパ」と声を出しながら行う。
（４人１組のグループになり、体育館へ移動）
③笛の合図でコーンまでかけ足で行き、戻ってくる。
④マットに移動し、先生が絵本を読むのを聞き、内容についての質問を受ける。

〈時 間〉　適宜

〈解 答〉　省略

[2019年度出題]

学習のポイント

①は例年出題されているもので、楽器の音を聞き取って、その音で指示された行動をするという課題です。②③の運動も例年の課題で、特に難しいものではありません。ほかの課題と同じく、指示の理解とそれに沿った行動をしていれば悪い評価は受けないでしょう。問題は④で、詳細な内容も意図もよくわかりませんが、試験を受ける側としては切り替えが大変なのでは、と感じます。私立小学校の入試というものはお子さまの評価をさまざまな切り口で行うものですが、志願者の体力的なものは考慮しても、メンタル面に関してはあまり行き届いていないことがあります。この課題がそうだ、ということではありませんが、すべてに全力で取り組んでいては精神的に疲れて、ふだんどおりの行動ができくなってしまうこともあるでしょう。負担が多いと感じたら、「言われたことに従い、聞かれたことに答える」ということだけを守って行動する、という姿勢でもよいかもしれません。

【おすすめ問題集】

新運動テスト問題集、Ｊｒ・ウォッチャー28「運動」、
Ｊｒ・ウォッチャー29「行動観察」

問題40　分野：お話の記憶

〈準　備〉　鉛筆

〈問　題〉　これからするお話をよく聞いて、後の質問に答えてください。
今日はとても天気がよかったので、ウサギさんは公園へ遊びにいきました。公園に着くと、ネコさんとキツネくんが遊んでいました。ウサギさんは「おはよう、ネコさん、キツネくん」とあいさつをして、いっしょに砂場でお城を作りました。お昼になり、お腹が空いてきたので、ウサギさんがお家へ帰ると、お母さんがカレーライスを作っていました。「わあ、カレーライスね。私の大好きなニンジンも入っているよね」と言い、ウサギさんはすぐに手を洗って、お昼ごはんの準備を手伝いました。

①上の段を見てください。ウサギさんたちが公園で遊んだものはどれですか。選んで○をつけてください。
②真ん中の段を見てください。ウサギさんは、お昼ごはんに何を食べましたか。選んで○をつけてください。
③下の段を見てください。お話に出てこなかったのは誰ですか。選んで○をつけてください。

〈時　間〉　各15秒

〈解　答〉　①右から２番目（砂場）　②左から２番目（カレーライス）
③左端（クマ）、右端（イヌ）

［2018年度出題］

学習のポイント

当校のお話の記憶の問題は、内容がつかみやすい短めのお話で、お話の流れに沿った質問を３問程度出題されるのが特徴です。お話をしっかりと聞き取ることができていれば、充分に全問正解ができる難しさですので、記憶力と言うよりは、聞き取りから解答までの一連の動作に対する正確さが観られていると言えます。お話を聞き取る際の基本は、場面ごとの出来事を把握することです。それぞれの場面で、「誰が、何を、どうした」のかをとらえることを意識して聞き取りましょう。例えば本問の場合、はじめの場面では、「ウサギさんが、公園で、ネコさんとキツネくんとお城を作った」、次の場面で「ウサギさんは、お家で、カレーライスの準備を手伝った」という感じです。はじめのうちは大雑把な把握でかまいません。練習を繰り返して、少しずつ覚えられる量を増やしてください。そのためには、ふだんの読み聞かせで使うお話も、短めで内容がシンプルなものを選ぶとよいでしょう。ある程度お話をつかめるようになったら、積極的に問題練習に取り組んでください。そうすると、聞き取る時のポイントが、感覚的にわかってきて、お話をより上手に覚えられるようになります。

【おすすめ問題集】
１話５分の読み聞かせお話集①②、　お話の記憶 初級編・中級編、
Ｊｒ・ウォッチャー19「お話の記憶」

問題41　分野：お話作り

〈準　備〉　問題41の絵を線に沿って切り、4枚のカードにしておく。

〈問　題〉　（4枚のカードを机の上に並べる）
並んでいる4枚のカードを見て、お話を作ってください。

〈時　間〉　1分程度

〈解　答〉　省略

［2018年度出題］

学習のポイント

お話作りの課題では、お話の順番を考えながらカードを並べ、さらに、できたお話を説明します。当校のお話作りで用意されている絵は、４枚それぞれが場面を把握しやすいものなので、お話の流れを作ることはそれほど難しくはありません。起承転結にこだわらず、どんどんお話を言葉にしていくとよいでしょう。お話を作る際のポイントは、絵から読み取れる「誰が、どうした」を説明することばかりに力を入れず、絵からは読み取れない風景の描写や、擬態語、登場人物の気持ちなどを加えて話すことです。１つのカードごとに１つ、そのような表現を加えて話すようにすると、聞き手がイメージしやすいお話になります。それでも、お話を作ることが苦手なお子さまにとっては、難しいかもしれません。そのような時な、お話の良し悪しよりもお話を作ったこと自体を評価して、安心して自由にお話を作れる雰囲気を作ってください。

【おすすめ問題集】
新口頭試問・個別テスト問題集、Ｊｒ・ウォッチャー21「お話作り」

問題42　分野：図形（同図形探し）

〈準　備〉　鉛筆

〈問　題〉　（問題42-1の絵を渡す）
それぞれの段の左側の絵と同じ絵はどれですか。選んで○をつけてください。
（問題42-2の絵を渡す）
上の四角の中に描かれている絵と同じものを探して、○をつけてください。

〈時　間〉　各1分

〈解　答〉　①右端　②左端　③右から2番目　④左から2番目　⑤下図参照

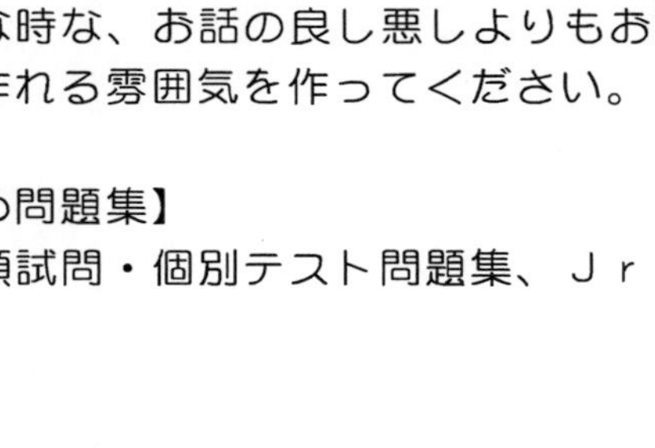

［2018年度出題］

学習のポイント

同図形探しの問題は、当校で例年出題されている分野です。お手本の絵の全体だけでなく、特徴的な部分にも目を向けられる観察力が求められています。このような問題では、はじめに全体を見比べてお手本と似ている絵を探し、その次に細かい部分同士を見比べて正解の絵を探します。例えば①の場合、お手本は立っている白いウマなので、左端と右端のウマの絵に注目します。これら２つの絵を見比べると、しっぽの形が違います。そこをお手本で再度確認すると、右端が答えとわかります。②は一見すると、どれもお手本に似ていますが、よく見るとニワトリの羽、足、尾が違っています。ほかの問題も同様に考えるとよいでしょう。⑤の場合、絵が散らばっていて比べにくくなっていますが、目の配り方は同じです。カバを探す時はカバだけ、小鳥を探す時も小鳥だけに目を向けるようにしてください。ふだんの学習の際にも、全体を見渡してから細かい部分や特徴的な部分に目を向けることを意識しながら練習に取り組むとよいでしょう。

【おすすめ問題集】

Ｊｒ・ウォッチャー４「同図形探し」

☆作新学院小学部

問題３２

①

②

③

☆作新学院小学部

問題３３

日本学習図書株式会社

問題３４

☆作新学院小学部

問題３５

☆作新学院小学部

問題３６

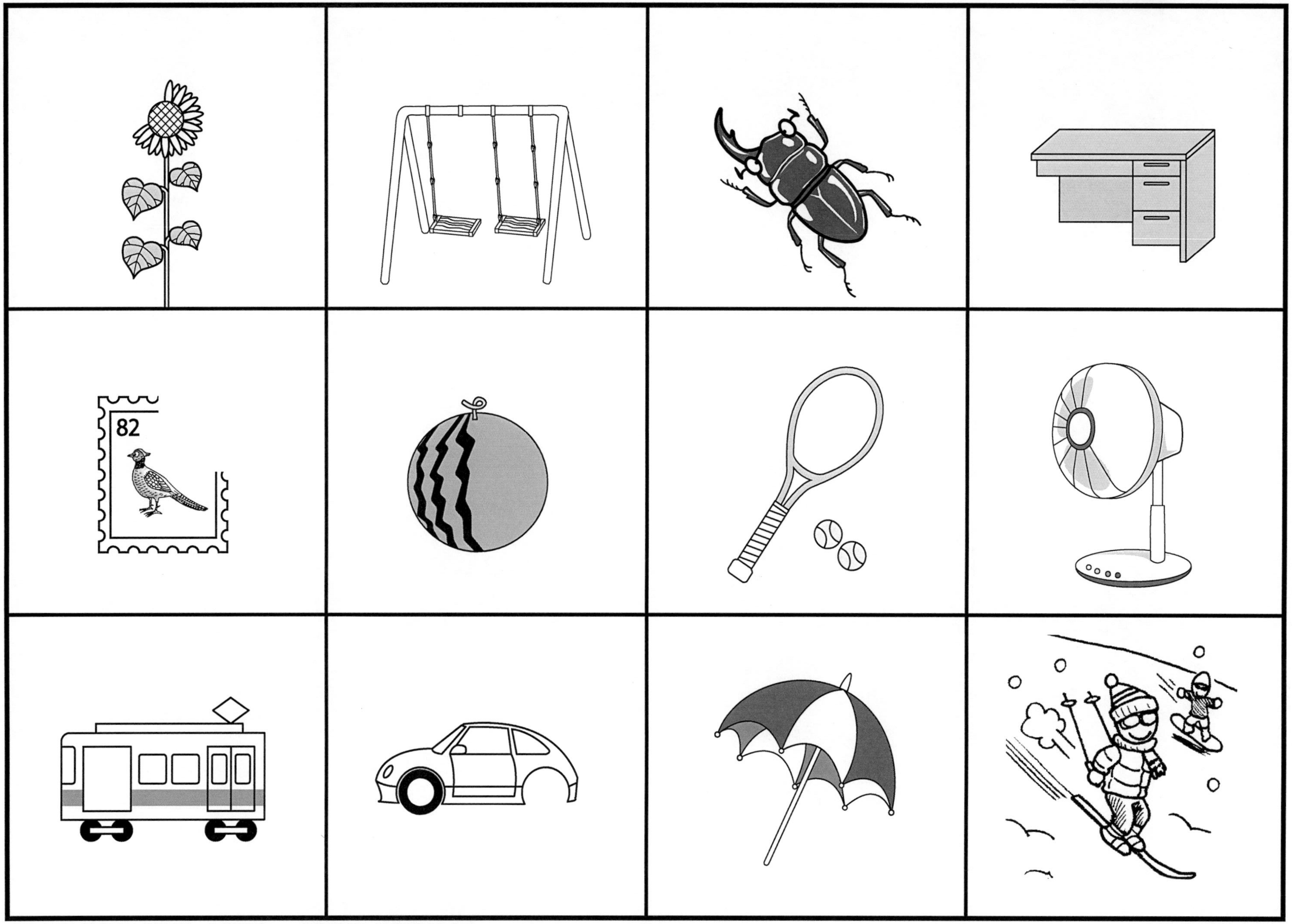

問題37

☆作新学院小学部

①

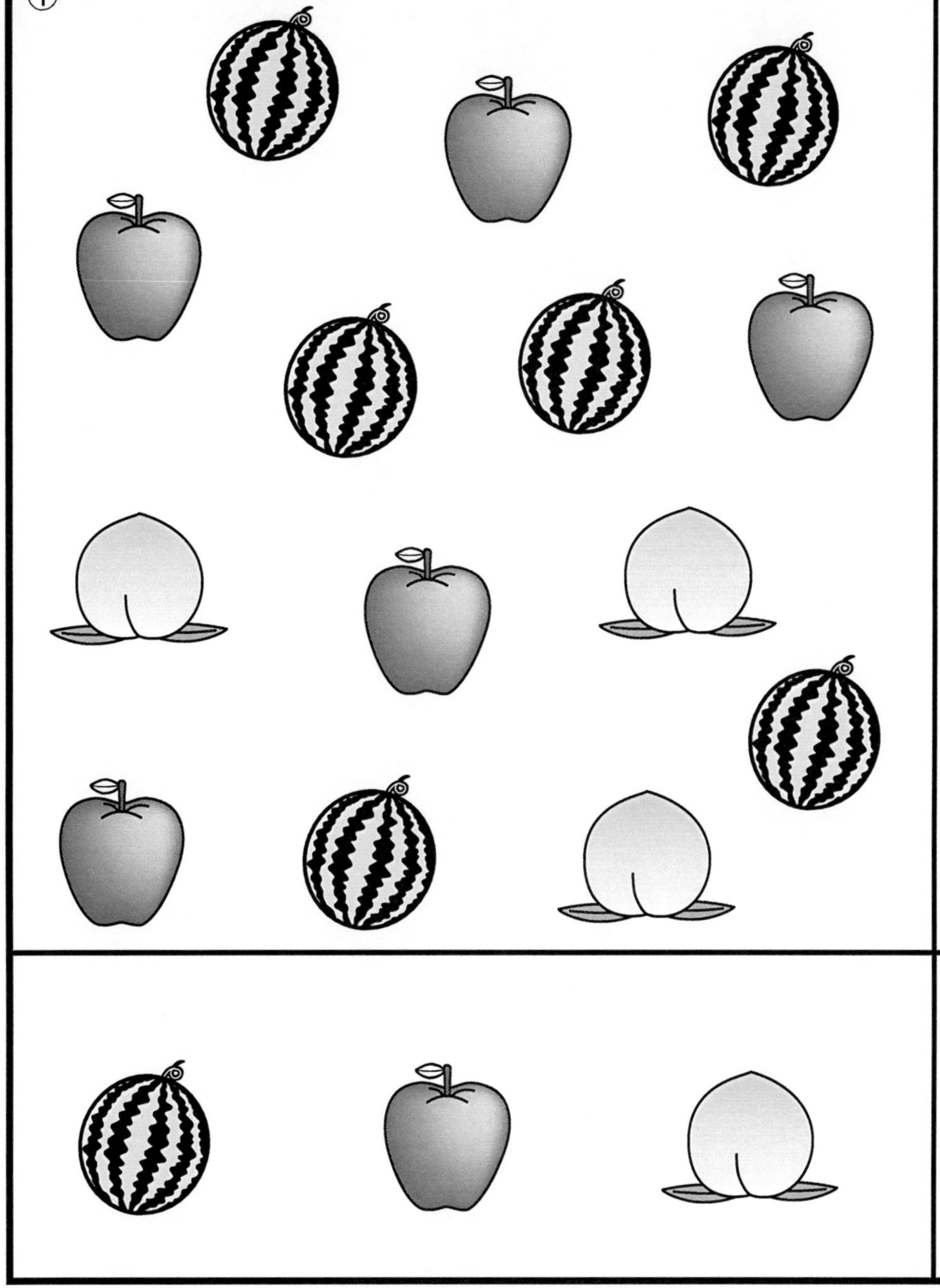

②

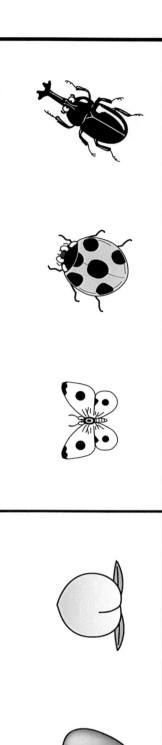

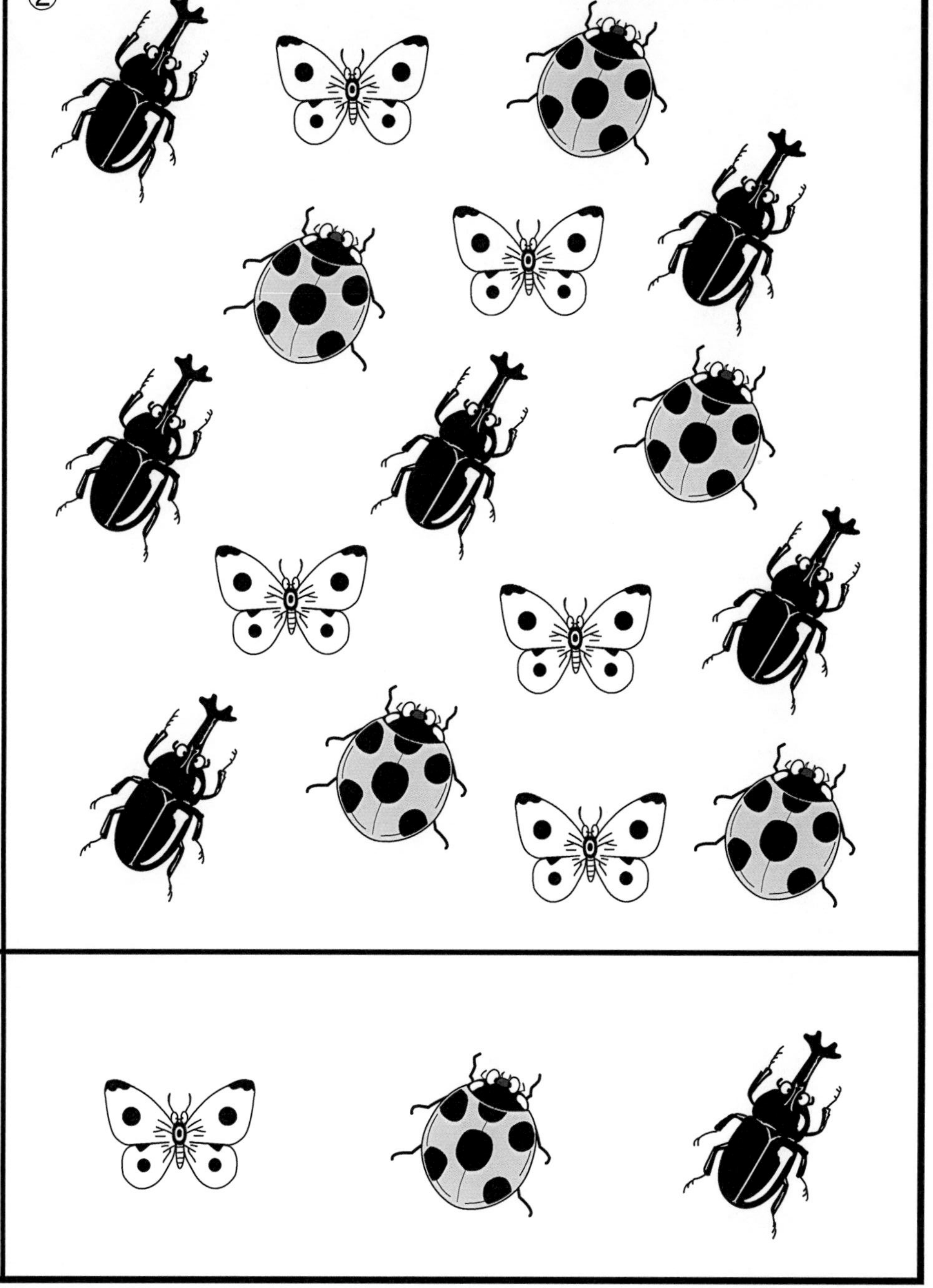

日本学習図書株式会社

☆作新学院小学部

問題３８

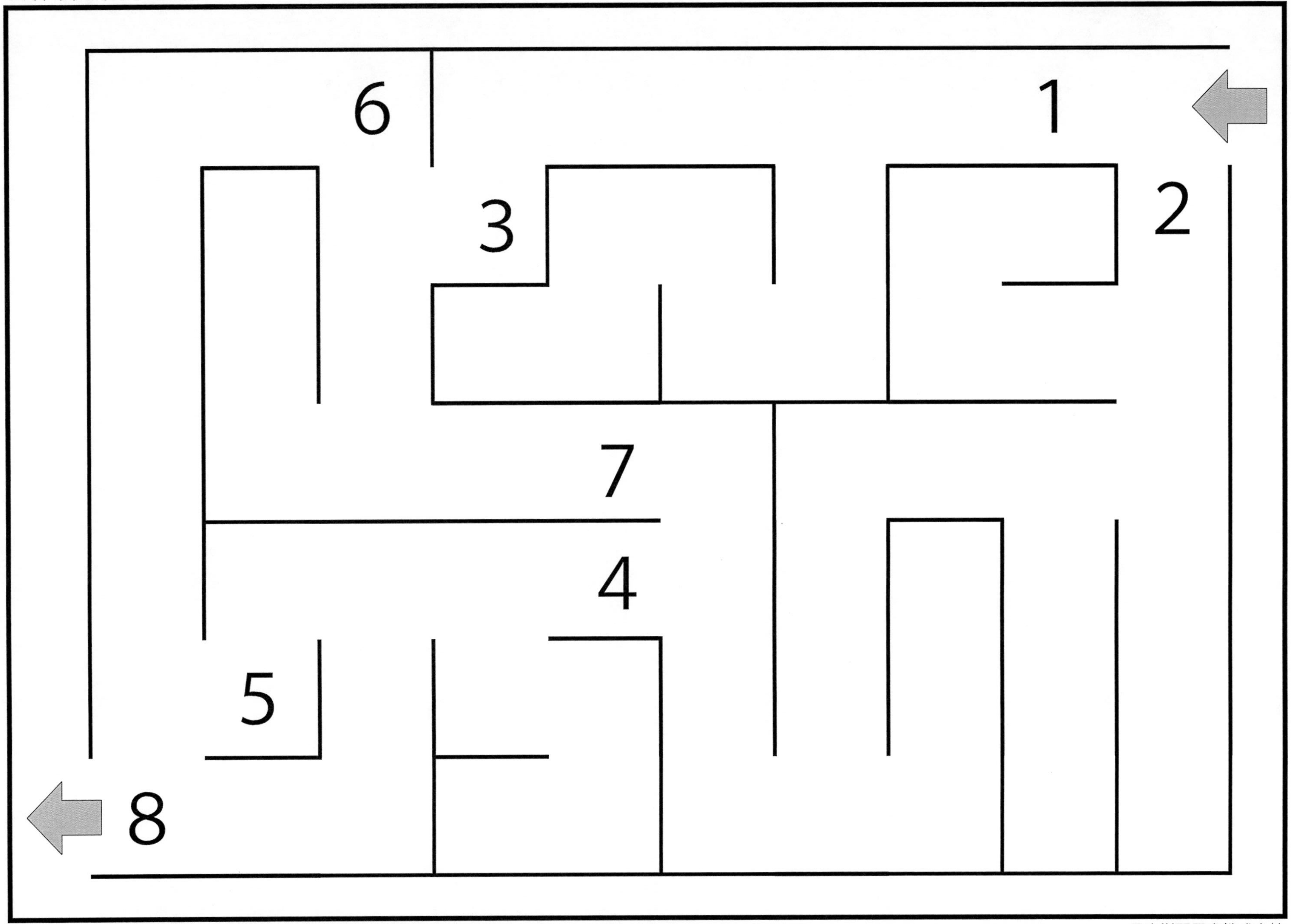

☆作新学院小学部

問題４０

①

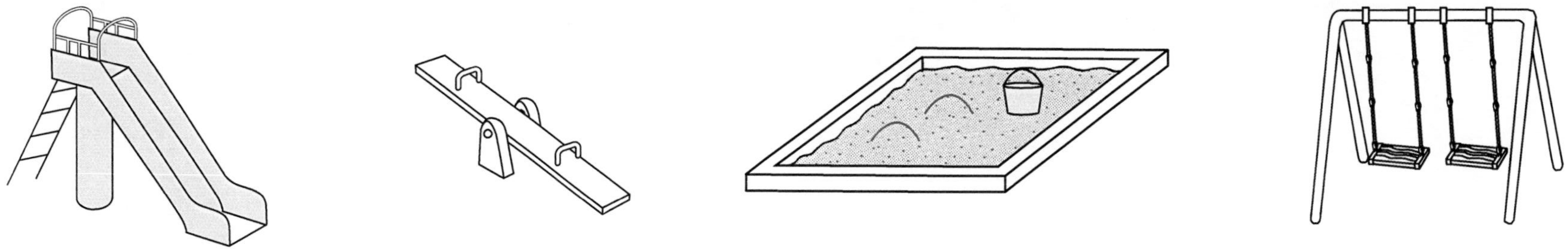

②

③

日本学習図書株式会社

☆作新学院小学部

問題４１

☆作新学院小学部

問題４２－１

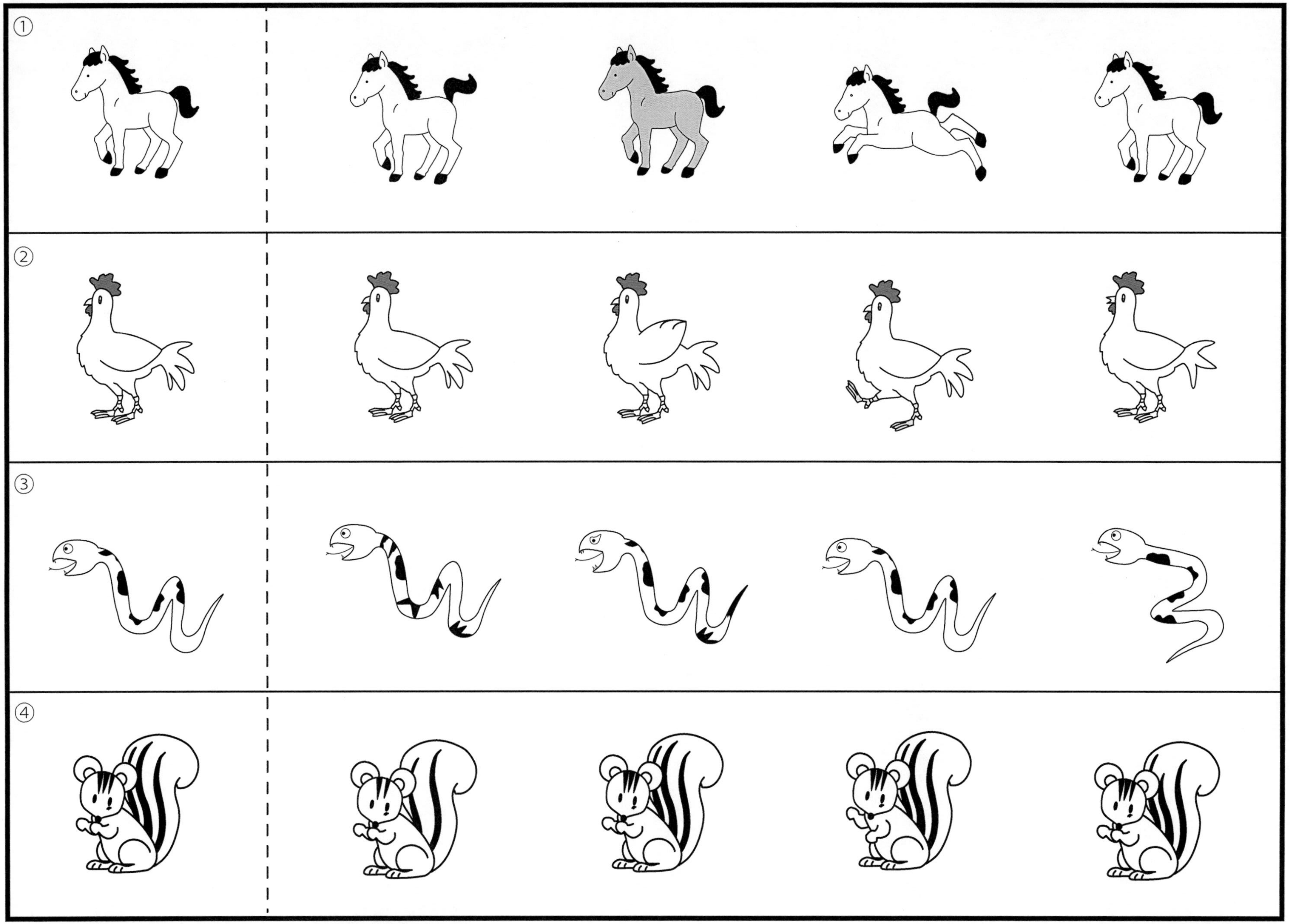

⑤

作新学院小学部　専用注文書

年　　月　　日

合格のための問題集ベスト・セレクション

＊入試頻出分野ベスト３

1st	記憶		2nd	推理		3rd	数量	
	聞く力	集中力		考える力	観察力		観察力	思考力

基本的な問題を繰り返して、確実に解ける力を身に付けることが大切です。数字を読むという特殊な問題が過去によく出題されています。１つの傾向と踏まえ、読めるように対策をとっておきましょう。

分野	書　名	価格(税込)	注文	分野	書　名	価格(税抜)	注文
図形	Ｊｒ・ウォッチャー４「同図形探し」	1,650円	冊		保護者のための 面接最強マニュアル	2,000円	冊
推理	Ｊｒ・ウォッチャー７「迷路」	1,650円	冊		新運動テスト問題集	2,320円	冊
図形	Ｊｒ・ウォッチャー14「数える」	1,650円	冊		新口頭試問・個別テスト問題集	2,750円	冊
記憶	Ｊｒ・ウォッチャー19「お話の記憶」	1,650円	冊		新ノンペーパーテスト問題集	2,860円	冊
想像	Ｊｒ・ウォッチャー21「お話作り」	1,650円	冊		１話５分の読み聞かせお話集①・②	1,980円	各　冊
常識	Ｊｒ・ウォッチャー27「理科」	1,650円	冊		お話の記憶問題集 初級編	2,860円	冊
運動	Ｊｒ・ウォッチャー28「運動」	1,650円	冊		お話の記憶問題集 中級編・上級編	2,200円	各　冊
観察	Ｊｒ・ウォッチャー29「行動観察」	1,650円	冊				
推理	Ｊｒ・ウォッチャー31「推理思考」	1,650円	冊				
巧緻性	Ｊｒ・ウォッチャー37「選んで数える」	1,650円	冊				
常識	Ｊｒ・ウォッチャー55「理科②」	1,650円	冊				
推理	Ｊｒ・ウォッチャー59「欠所補完」	1,650円	冊				
	新小学校受験の入試面接Ｑ＆Ａ	2,860円	冊				
	家庭で行う 面接テスト問題集	2,200円	冊				

合計	冊	円

（フリガナ） 氏　名	電　話 ＦＡＸ E-mail
住 所　〒　　　－	以前にご注文されたことはございますか。 有　・　無

★お近くの書店、または記載の電話・FAX・ホームページにてご注文をお受けしております。
電話：03-5261-8951　FAX：03-5261-8953　代金は書籍合計金額＋送料がかかります。
※なお、落丁・乱丁以外の理由による商品の返品・交換には応じかねます。
★ご記入頂いた個人に関する情報は、当社にて厳重に管理致します。なお、ご購入の商品発送の他に、当社発行の書籍案内、書籍に関する調査に使用させて頂く場合がございますので、予めご了承ください。

日本学習図書株式会社
http://www.nichigaku.jp

家庭学習をトータルサポート！ ニチガクの オリジナル 効果的 学習法

1 まずは アドバイスページを読む！

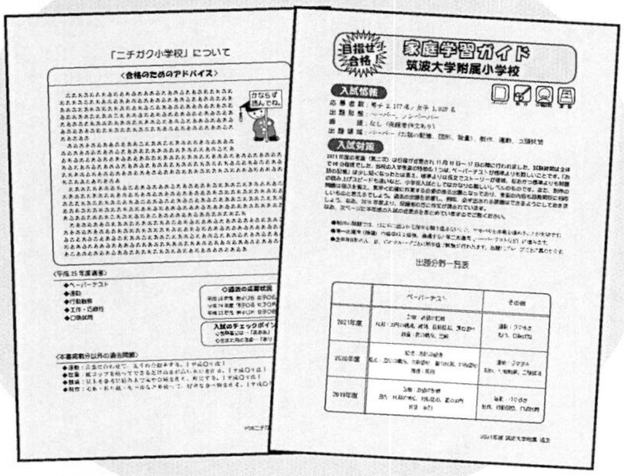

対策や試験ポイントがぎっしりつまった「家庭学習ガイド」。分野アイコンで、試験の傾向をおさえよう！

過去問のこだわり

ピンク色です

最新問題は問題ページ、イラストページ、解答・解説ページが独立しており、お子さまにすぐに取り掛かっていただける作りになっています。
ニチガクの学校別問題集ならではの、学習法を含めたアドバイスを利用して効率のよい家庭学習を進めてください。

各問題のジャンル

問題7 分野：図形（図形の構成） Aグループ男子

〈解 答〉 下図参照

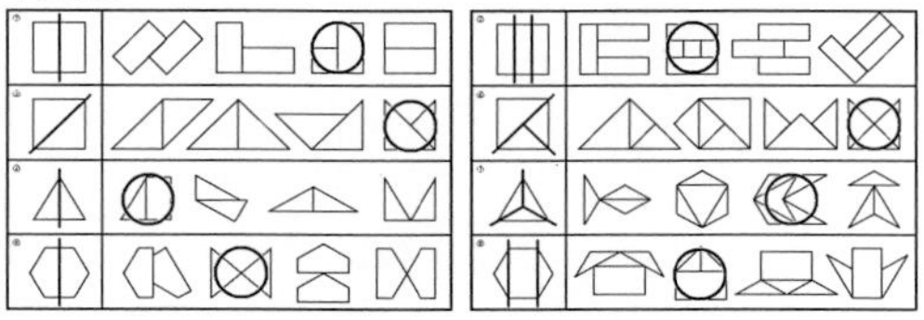

図形の構成の問題です。解答時間が圧倒的に短いので、直感的に答えないと全問答えることはできないでしょう。例年ほど難しい問題ではないので、ある程度準備をしたお子さまなら可能のはずです。注意すべきなのはケアレスミスで、「できないものはどれですか」と聞かれているのに、できるものに○をしたりしてはおしまいです。こういった問題では基礎とも言える問題なので、もしわからなかった場合は基礎問題を分野別の問題集などでおさらいしておきましょう。

【おすすめ問題集】
★筑波大附属小学校図形攻略問題集①②★（書店では販売しておりません）
Ｊｒ・ウォッチャー９「合成」、54「図形の構成」

2 問題をすべて読み、出題傾向を把握する

3 「学習のポイント」で学校側の観点や問題の解説を熟読

4 はじめて過去問題にチャレンジ！

5 プラスα 対策問題集や類題で力を付ける

学習のポイント

各問題の解説や学校の観点、指導のポイントなどを教えます。
今日から保護者の方が家庭学習の先生に！

おすすめ対策問題集

分野ごとに対策問題集をご紹介。苦手分野の克服に最適です！
＊専用注文書付き。

2022年度版 宇都宮大学共同教育学部附属小学校
作新学院小学部
過去問題集

発行日 2021年9月30日
発行所 〒162-0821 東京都新宿区津久戸町 3-11-9F
日本学習図書株式会社
電 話 03-5261-8951 ㈹

分野別 小学入試練習帳 ジュニアウォッチャー

1．点・線図形	小学校入試で出題頻度の高い『点・線図形』の模写を、難易度の低いものから段階別に幅広く練習することができるように構成。
2．座標	図形の位置模写という作業を、難易度の低いものから段階別に練習できるように構成。
3．パズル	様々なパズルの問題を難易度の低いものから段階別に練習できるように構成。
4．同図形探し	小学校入試で出題頻度の高い、同図形選びの問題を繰り返し練習できるように構成。
5．回転・展開	図形などを回転、または展開したとき、形がどのように変化するかを学習し、理解を深められるように構成。
6．系列	数、図形などの様々な系列問題を、難易度の低いものから段階別に練習できるように構成。
7．迷路	迷路の問題を繰り返し練習できるように構成。
8．対称	対称に関する問題を４つのテーマに分類し、各テーマごとに問題を段階別に練習できるように構成。
9．合成	図形の合成に関する問題を、難易度の低いものから段階別に練習できるように構成。
10．四方からの観察	もの（立体）を様々な角度から見て、どのように見えるかを推理する問題を段階別に整理し、１つの形式で複数の問題を練習できるように構成。
11．いろいろな仲間	ものや動物、植物の共通点を見つけ、分類していく問題を中心に構成。
12．日常生活	日常生活における様々な問題を６つのテーマに分類し、各テーマごとに一つの問題形式で複数の問題を練習できるように構成。
13．時間の流れ	『時間』に着目し、様々なものごとは、時間が経過するとどのように変化するのかということを学習し、理解できるように構成。
14．数える	様々なものを『数える』ことから、数の多少の判定やかけ算、わり算の基礎までを練習できるように構成。
15．比較	比較に関する問題を５つのテーマ（数、高さ、長さ、量、重さ）に分類し、各テーマごとに問題を段階別に練習できるように構成。
16．積み木	数える対象を積み木に限定した問題集。
17．言葉の音遊び	言葉の音に関する問題を５つのテーマに分類し、各テーマごとに問題を段階別に練習できるように構成。
18．いろいろな言葉	表現力をより豊かにするいろいろな言葉として、擬態語や擬声語、同音異義語、反意語、数詞を取り上げた問題集。
19．お話の記憶	お話を聴いてその内容を記憶、理解し、設問に答える形式の問題集。
20．見る記憶・聴く記憶	「見て憶える」「聴いて憶える」という『記憶』分野に特化した問題集。
21．お話作り	いくつかの絵を元にしてお話を作る練習をして、想像力を養うことができるように構成。
22．想像画	描かれてある形や景色に好きな絵を描くことにより、想像力を養うことができるように構成。
23．切る・貼る・塗る	小学校入試で出題頻度の高い、はさみやのりなどを用いた巧緻性の問題を繰り返し練習できるように構成。
24・絵画	小学校入試で出題頻度の高い、お絵かきやぬり絵などクレヨンやクーピーペンを用いた巧緻性の問題を繰り返し練習できるように構成。
25．生活巧緻性	小学校入試で出題頻度の高い日常生活の様々な場面における巧緻性の問題集。
26．文字・数字	ひらがなの清音、濁音、拗音、拗長音、促音と１～20までの数字に焦点を絞り、練習できるように構成。
27．理科	小学校入試で出題頻度が高くなりつつある理科の問題を集めた問題集。
28．運動	出題頻度の高い運動問題を種目別に分けて構成。
29．行動観察	項目ごとに問題提起をし、「このような時はどうか、あるいはどう対処するのか」の観点から問いかける形式の問題集。
30．生活習慣	学校から家庭に提起された問題と思って、一問一問絵を見ながら話し合い、考える形式の問題集。

31．推理思考	数、量、言語、常識（含理科、一般）など、諸々のジャンルから問題を構成し、近年の小学校入試問題傾向に沿って構成。
32．ブラックボックス	箱や筒の中を通ると、どのようなお約束でどのように変化するかを推理・思考する問題集。
33．シーソー	重さの違うものをシーソーに乗せた時どちらに傾くのか、またどうすればシーソーは釣り合うのかを思考する基礎的な問題集。
34．季節	様々な行事や植物などを季節別に分類できるように知識をつける問題集。
35．重ね図形	小学校入試で頻繁に出題されている「図形を重ね合わせてできる形」についての問題を集めました。
36．同数発見	様々な物を数え「同じ数」を発見し、数の多少の判断や数の認識の基礎を学べるように構成した問題集。
37．選んで数える	数の学習の基本となる、いろいろなものの数を正しく数える学習を行う問題集。
38．たし算・ひき算１	数字を使わず、たし算とひき算の基礎を身につけるための問題集。
39．たし算・ひき算２	数字を使わず、たし算とひき算の基礎を身につけるための問題集。
40．数を分ける	数を等しく分ける問題です。等しく分けたときに余りが出るものもあります。
41．数の構成	ある数がどのような数で構成されているか学んでいきます。
42．一対多の対応	一対一の対応から、一対多の対応まで、かけ算の考え方の基礎学習を行います。
43．数のやりとり	あげたり、もらったり、数の変化をしっかりと学びます。
44．見えない数	指定された条件から数を導き出します。
45．図形分割	図形の分割に関する問題集。パズルや合成の分野にも通じる様々な問題を集めました。
46．回転図形	「回転図形」に関する問題集。やさしい問題から始め、いくつかの代表的なパターンから、段階を踏んで学習できるよう編集されています。
47．座標の移動	「マス目の指示通りに移動する問題」と「指示された数だけ移動する問題」を収録。
48．鏡図形	鏡で左右反転させた時の見え方を考えます。平面図形から立体図形、文字、絵まで。
49．しりとり	すべての学習の基礎となる「言葉」を学ぶこと、特に「語彙」を増やすことに重点をおき、さまざまなタイプの「しりとり」問題を集めました。
50．観覧車	観覧車やメリーゴーラウンドなどを舞台にした「回転系列」の問題集。「推理思考」分野の問題ですが、要素として「図形」や「数量」も含みます。
51．運筆①	鉛筆の持ち方を学び、点線なぞり、お手本を見ながらの模写で、線を引く練習をします。
52．運筆②	運筆①からさらに発展し、「欠所補完」や「迷路」などを楽しみながら、より複雑な鉛筆運びを習得することを目指します。
53．四方からの観察 積み木編	積み木を使用した「四方からの観察」に関する問題を練習できるように構成。
54．図形の構成	見本の図形がどのような部分によって形づくられているかを考えます。
55．理科②	理科的知識に関する問題を集中して練習する「常識」分野の問題集。
56．マナーとルール	道路や駅、公共の場でのマナー、安全や衛生に関する常識を学べるように構成。
57．置き換え	さまざまな具体的・抽象的事象を記号で表す「置き換え」の問題を扱います。
58．比較②	長さ・高さ・体積・数などを数学的な知識を使わず、論理的に推測する「比較」の問題を練習できるように構成。
59．欠所補完	線と線のつながり、欠けた絵に当てはまるものなどを求める「欠所補完」に取り組める問題集です。
60．言葉の音（おん）	しりとり、決まった順番の音をつなげるなど、「言葉の音」に関する問題に取り組める練習問題集です。

図書カード1000円分プレゼント

ご記入日　　年　月　日

☆国・私立小学校受験アンケート☆

※可能な範囲でご記入下さい。選択肢は○で囲んで下さい。

〈小学校名〉＿＿＿＿＿＿＿＿＿＿　〈お子さまの性別〉男・女　〈誕生月〉＿＿月

〈その他の受験校〉（複数回答可）＿＿＿＿＿＿＿＿＿＿＿＿＿＿＿＿

〈受験日〉①：＿＿月＿＿日　〈時間〉＿＿時＿＿分　～＿＿時＿＿分

②：＿＿月＿＿日　〈時間〉＿＿時＿＿分　～＿＿時＿＿分

〈受験者数〉男女計＿＿名（男子＿＿名　女子＿＿名）

〈お子さまの服装〉＿＿＿＿＿＿＿＿＿＿＿＿＿＿＿＿

〈入試全体の流れ〉（記入例）準備体操→行動観察→ペーパーテスト

＿＿＿＿＿＿＿＿＿＿＿＿＿＿＿＿＿＿＿＿＿＿＿＿＿＿

Eメールによる情報提供

日本学習図書では、Eメールでも入試情報を募集しております。
下記のアドレスに、アンケートの内容をご入力の上、メールをお送り下さい。

ojuken@nichigaku.jp

●行動観察　（例）好きなおもちゃで遊ぶ・グループで協力するゲームなど

〈実施日〉＿＿月＿＿日　〈時間〉＿＿時＿＿分　～＿＿時＿＿分　〈着替え〉□有　□無

〈出題方法〉□肉声　□録音　□その他（　　　　　）〈お手本〉□有　□無

〈試験形態〉□個別　□集団（　　　人程度）

〈会場図〉

〈内容〉

□自由遊び

＿＿＿＿＿＿＿＿＿＿＿＿＿＿＿＿＿＿＿＿

□グループ活動

＿＿＿＿＿＿＿＿＿＿＿＿＿＿＿＿＿＿＿＿

□その他

＿＿＿＿＿＿＿＿＿＿＿＿＿＿＿＿＿＿＿＿

●運動テスト（有・無）　（例）跳び箱・チームでの競争など

〈実施日〉＿＿月＿＿日　〈時間〉＿＿時＿＿分　～＿＿時＿＿分　〈着替え〉□有　□無

〈出題方法〉□肉声　□録音　□その他（　　　　　）〈お手本〉□有　□無

〈試験形態〉□個別　□集団（　　　人程度）

〈会場図〉

〈内容〉

□サーキット運動

□走り　□跳び箱　□平均台　□ゴム跳び

□マット運動　□ボール運動　□なわ跳び

□クマ歩き

□グループ活動＿＿＿＿＿＿＿＿＿＿＿＿＿＿

□その他＿＿＿＿＿＿＿＿＿＿＿＿＿＿＿＿

●知能テスト・口頭試問

〈実施日〉 ＿＿月＿＿日〈時間〉 ＿＿時＿＿分 ～ ＿＿時＿＿分〈お手本〉□有 □無

〈出題方法〉 □肉声 □録音 □その他（　　　　　　　）〈問題数〉 ＿＿枚 ＿＿問

分野	方法	内容	詳細・イラスト
（例） お話の記憶	☑筆記 □口頭	動物たちが待ち合わせをする話	（あらすじ） 動物たちが待ち合わせをした。最初にウサギさんが来た。次にイヌくんが、その次にネコさんが来た。最後にタヌキくんが来た。 （問題・イラスト） ３番目に来た動物は誰か 
お話の記憶	□筆記 □口頭		（あらすじ） （問題・イラスト）
図形	□筆記 □口頭		
言語	□筆記 □口頭		
常識	□筆記 □口頭		
数量	□筆記 □口頭		
推理	□筆記 □口頭		
その他	□筆記 □口頭		

●制作　（例）ぬり絵・お絵かき・工作遊びなど

〈実施日〉＿＿月＿＿日〈時間〉＿＿時＿＿分　～　＿＿時＿＿分

〈出題方法〉□肉声　□録音　□その他（　　　　　　）〈お手本〉□有　□無

〈試験形態〉□個別　□集団（　　　　人程度）

材料・道具	制作内容
□ハサミ	□切る　□貼る　□塗る　□ちぎる　□結ぶ　□描く　□その他（　　　　）
□のり（□つぼ　□液体　□スティック）	タイトル：＿＿＿＿＿＿＿＿＿＿
□セロハンテープ	
□鉛筆　□クレヨン（　色）	
□クーピーペン（　色）	
□サインペン（　色）□	
□画用紙（□ A4　□ B4　□ A3	
□その他：　　　　）	
□折り紙　□新聞紙　□粘土	
□その他（　　　　）	

●面接

〈実施日〉＿＿月＿＿日〈時間〉＿＿時＿＿分　～　＿＿時＿＿分〈面接担当者〉＿＿名

〈試験形態〉□志願者のみ（　　）名　□保護者のみ　□親子同時　□親子別々

〈質問内容〉

※試験会場の様子をご記入下さい。

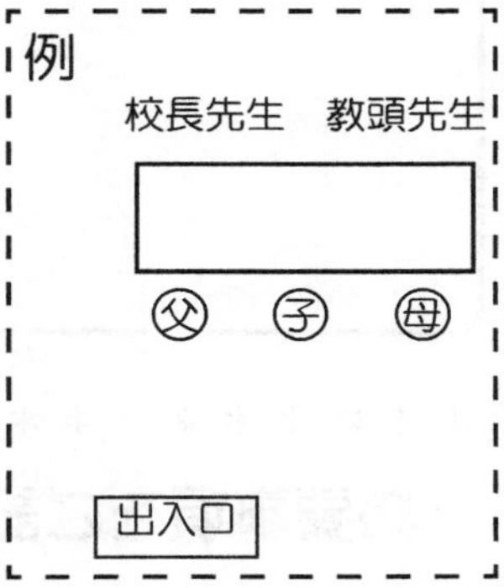

□志望動機　□お子さまの様子

□家庭の教育方針

□志望校についての知識・理解

□その他（　　　　　　　　　　）

（詳　細）

・

・

・

・

●保護者作文・アンケートの提出（有・無）

〈提出日〉□面接直前　□出願時　□志願者考査中　□その他（　　　　　　）

〈下書き〉□有　□無

〈アンケート内容〉

（記入例）当校を志望した理由はなんですか（150 字）

●説明会（□有　□無）〈開催日〉　　月　　日〈時間〉　時　　分　～　時　　分

〈上履き〉　□要　□不要　〈願書配布〉　□有　□無　〈校舎見学〉　□有　□無

〈ご感想〉

●参加された学校行事 (複数回答可)

公開授業〈開催日〉　　月　　日〈時間〉　時　　分　～　時　　分

運動会など〈開催日〉　　月　　日〈時間〉　時　　分　～　時　　分

学習発表会・音楽会など〈開催日〉　　月　　日〈時間〉　時　　分　～　時　　分

〈ご感想〉

※是非参加したほうがよいと感じた行事について

●受験を終えてのご感想、今後受験される方へのアドバイス

※対策学習（重点的に学習しておいた方がよい分野）、当日準備しておいたほうがよい物など

＊＊＊＊＊＊＊＊＊＊＊＊＊　ご記入ありがとうございました　＊＊＊＊＊＊＊＊＊＊＊＊＊

必要事項をご記入の上、ポストにご投函ください。

なお、本アンケートの送付期限は入試終了後３ヶ月とさせていただきます。また、入試に関する情報の記入量が当社の基準に満たない場合、謝礼の送付ができないことがございます。あらかじめご了承ください。

ご住所：〒

お名前：　　　　　　　　　　メール：

ＴＥＬ：　　　　　　　　　　ＦＡＸ：

アンケートのご記入
ありがとうございました

ご記入頂いた個人に関する情報は、当社にて厳重に管理致します。弊社の個人情報取り扱いに関する詳細は、www.nichigaku.jp/policy.php の「個人情報の取り扱い」をご覧下さい。

年長児およびその保護者対象

２０２５（令和７）年度　入学試験対策　／　２０２４年８月～１２月実施

宇大附小 作新小 そっくり模試

■■「本番で力を発揮する」ための「本番に最も近い模試」■■

＜実施要項＞

●内　容　入試傾向に合わせた、行動観察・運動・口頭＆ペーパーテスト・面接の模擬試験（採点表・講評つき）

●対　象　年長児およびその保護者（保護者様同伴でご参加ください）

●日　程　第１回：８月２４日（土）午前（宇大附小・作新小共通）

第２回：９月２１日（土）午前（宇大附小）・午後（作新小）

第３回：１０月１９日（土）午前（宇大附小・作新小共通）

第４回：１１月９日（土）午前（作新小ファイナル）

第５回：１２月７日（土）午前（宇大附小）

第６回：１２月２８日（金）午前・午後選択（宇大附小ファイナル）

●時　間　午前 ９：００～１２：００ / 午後 １：３０～４：３０（終了後１５分程度の講評・説明あり）

●持ち物　【お子様】上履き、ハンカチ、ティッシュ、水筒、運動のできる服装、【保護者様】スリッパ

●お申込　アプリ（園生の方）・お電話・メール・ホームページのお問い合わせフォームより

●受験料　１回あたり（税込）　９，９００円（園生・塾生の方）／１３，２００円（一般生の方）

園生・塾生の方は口座振替、一般生の方はコンビニ振込用紙により、お支払いをお願いいたします。

●その他　・申込後のキャンセルはできません。発熱等で当日入室いただけなかった場合も同様に、模試は欠席扱い（後日資料等お渡し）とさせていただきます。何卒ご了承ください。

・ファイナル模試（第４回・第６回）のみのご受講は受け付けておりません。事前に講習会またはその他の回のそっくり模試の受講をお願いいたします。

・すべて先着順での受付とし、定員になり次第締め切りとさせていただきます。

実施会場・お問い合わせ

堯舜国際幼稚舎

ホームページはコチラ→

〒320-0055 宇都宮市下戸祭2-6-6

TEL　０２８－６２２－４２４８

Email　gyoshun@academy.co.jp

URL　https://www.gyoshun.jp

受付時間：平日9：00～17：00

2024年度 合格実績

祝 合格おめでとう

堯舜国際アカデミーから多数輩出しました！

宇都宮大学附属小学校	作新学院小学部
24名 一次合格!!	14名 合格!!

※2次試験は、公開抽選の為、1次合格者を掲載

※本実績は弊社調べ